把话说到客户心里去

谭慧 / 编著

吉林出版集团股份有限公司

图书在版编目（CIP）数据

把话说到客户心里去 / 谭慧编著 . -- 长春：吉林
出版集团股份有限公司 , 2018.11
　ISBN 978-7-5581-5923-7

　Ⅰ . ①把… Ⅱ . ①谭… Ⅲ . ①销售－语言艺术－通俗
读物 Ⅳ . ① F713.3-49

　中国版本图书馆 CIP 数据核字（2018）第 248424 号

BA HUA SHUO DAO KEHU XINLI QU
把话说到客户心里去

编　　著：谭　慧
出版策划：孙　昶
责任编辑：侯　帅
装帧设计：韩立强
出　　版：吉林出版集团股份有限公司
　　　　　（长春市福祉大路 5788 号，邮政编码：130118）
发　　行：吉林出版集团译文图书经营有限公司
　　　　　（http://shop34896900.taobao.com）
电　　话：总编办 0431-81629909　营销部 0431-81629880 / 81629900
印　　刷：天津海德伟业印务有限公司
开　　本：880mm×1230mm　　1 /32
印　　张：6
字　　数：125 千字
版　　次：2018 年 11 月第 1 版
印　　次：2021 年 5 月第 3 次印刷
书　　号：ISBN 978-7-5581-5923-7
定　　价：32.00 元

印装错误请与承印厂联系　　电话：022-82638777

前言
PREFACE

为什么有些销售员，他们每天花的时间远少于同行，业绩却远远高于别人？为什么他们惜字如金，说话不多，却能轻松说服客户购买自己的产品？为什么他们从来不背诵那些专业的营销知识，却能培养出一大群回头客？差距究竟在哪里？这其中的奥秘，只在于一张嘴。

销售不是凭力气挣钱，而是用舌头挣钱，能否让客户心甘情愿地把钱给你，就看你是否有说服客户的本领。销售的每一个环节都离不开嘴，每一次交易都是一场外交活动。怎么聊，客户才会说出他的想法？聊什么，客户才愿与你交心、被你说服、快速成交？跟客户聊天是一门真功夫，会聊天的销售员不能改变产品，但能改变客户对产品的印象。会聊天的销售员，一句话就能打动消费者。

美国的"超级销售大王"弗兰克·贝特格曾经说过："交易的成功，往往是口才的产物。"这是他近30年销售生涯的经验总结。的确，销售员要想取得一流的业绩，就必须能够恰如其分地运用语言，具备一副"金口才"。就像销售行业内所流传的那样：会说话，销售就如坐电梯；不会说话，销售就如爬楼梯。销售员只要把握住与客户交流的机会，就能取得非常好的沟通效果，销售自然就像坐电梯般轻松。

销售人员一旦具备了一流的口才，就能够顺利地约见到客户，争取到向对方销售的机会；就能够迅速地吸引客户的注意力、引起对方的兴趣，从而打开销售工作的局面；就能够一步步地激起客户的购买欲望，并最终说服对方做出最后的购买决定；就能够妥当地处理好售后以及对老客户的维系工作。可以说，口才的影响力会伴随着销售工作的整个过程。

当然，对于销售人员来说，所谓的"口才"并不是能说，说起来口若悬河、滔滔不绝，而是要会说，话不在多，句句能说到点子上，能够打动客户。那么，如何运用自己的语言来打动客户呢？唐代大诗人白居易说："动人心者莫先于情。"也就是说，要说服人、打动人，必须动之以情，言语必须是诚心诚意的，发自内心，富有人情味和同情心，让人听后觉得你是真心为他好，是设身处地地为他着想，而不是在应付他。因此，你的话越真诚，越贴心，就会越容易获得客户的信赖，得到客户的认可。

用打动客户的方式说话，是销售的重中之重，而这正是本书的意义所在。本书内容涵盖了从开场寒暄直到售后服务的整个销售过程，通过大量鲜活、经典的案例，介绍了销售高手们在吸引客户的注意力、探明客户的真实需求、介绍产品、化解客户的异议、应对不同类型的客户、讨价还价、等各个环节中使用的沟通技巧和话术秘诀，深入剖析了销售沟通不畅的症结，教你如何将话说到客户的心坎上。相信只要你阅读完本书，并把里面讲解的要点在实践中加以训练，你定会成为一名优秀的销售员，最终也一定能够成就辉煌的销售事业，实现自己远大的人生理想。

目 录

CONTENTS

第九章　说话细思考，别让嘴坏了大事

第十章　善言更要善听，不做喋喋不休的"独白者"

第一章

精彩的开场，才会有精彩的结局

优雅谈吐让你第一时间赢得认同

推销是和人打交道的艺术，在这个过程中，语言是最主要的交流方式，同时，谈吐也能凸显出你的知识与修养。一个成功的销售员必须时刻注意自己的谈吐，保持优雅而不是夸夸其谈，给客户留下有修养、值得尊重和交往的良好印象。

8 月份一个炎热的上午，一位推销钢材的专业推销人员走进了某家制造企业的总经理办公室。这个推销人员身上穿着一件昨天就已经穿过的衬衫和一条皱巴巴的裤子，他嘴里叼着雪茄，含糊不清地说："早上好，先生。我代表阿尔巴尼钢铁公司。"

"你什么？"这位准客户问，"你代表阿尔巴尼公司？听着，年轻人，我认识阿尔巴尼公司的几个头儿，你没有代表他们——你错误地代表了他们。你也早上好！"

爱默生曾经说："你说得太大声了，以至于我根本听不见你在说什么。"换句话说，你的外表、声音和话语、风度、态度和举止给准客户留下的印象有助于准客户在心目中勾勒出一幅反映你的本质性格的画面。一个优秀的推销人员在与客户交谈时，应该从以下几方面注意：

一、好感从打招呼开始

推销人员见到顾客的第一件事就是向顾客打招呼。一个恰到好处的问候，会给顾客留下一个良好的印象。问候时，要注意根据顾客的身份、年龄等特征，使用不同的称呼。另外，在向顾客打招呼时，必须注意和顾客在一起的其他人员，必要时一一问候，因为这些人往往是顾客的亲属、朋友、同学或同事。

有一位长者参加一个产品博览会，一个年轻的推销员主动问道："喂，老头儿，你买啥？"老人一听这个称呼心里就不高兴，气呼呼地说："不买就不能看看！还叫'老头儿'？"

推销员也生起气来："你这人怎么不识抬举？怎么，你不是老头儿，难道还叫你小孩不成？"

"你，你，简直没有教养，还当推销员呢？！"

这位推销员使用不恰当的招呼语而引发了矛盾，话越说越难听，结果把客户气跑了。可见，运用招呼语是很有讲究的，值得推销员们研究和学习。

二、学会如何寒暄

寒暄本身不正面表达特定的意思，但它却是在任何推销场合和人际交往中都不可缺少的。在推销活动中，寒暄能使不相识的人相互认识，使不熟悉的人相互熟悉，使沉闷的气氛活跃起来。你与客户初次会见，开始会感到不自然，无话可说，这时彼此都会找到一些似乎无关紧要的"闲话"聊起来。

因此，寒暄既是希望交往的表示，也是推销的开场白。如果运用恰当，即使不能为你带来商机，也会让你接下来的交流变得相对顺畅。寒暄也是讲究艺术的，寒暄是非正式的交谈，所以在理解客户的寒暄时，不必仔细地回味对方一句问候语的字面含义，只要明白他要表达的大体意思即可，切忌抠字眼。

现实生活中，常常由于对别人的一些一般的礼节性问候做出错误的归因，而误解对方的意思。不同民族背景的人，就更易产生这种误解。比如中国人见面喜欢问"吃过饭了吗"，说这句话的人也许根本没有想过要请对方吃饭，但对一个不知道这句话是一般问候语的外国人而言，就可能误以为你想请他共同进餐，结果会使你很尴尬。

寒暄的内容没有特定限制，别人也不会当真对待，但不能因此胡乱运用，必须与推销的环境和对象的特点互相协调，正所谓"到什么山上唱什么歌"。古人相见时，常说"久闻大名，如雷贯耳"，今天谁再如此问候，就会令人感到滑稽。

外国人常说的"见到您十分荣幸"之类的客套话，中国人也不常说。我们在推销开始时的寒暄与问候，自然也应适合不同的情况，使人听来不觉突兀和难以接受，不能让人感到你言不由衷，虚情假意。

总之，优雅的谈吐是打开客户心门的一把钥匙。一声尊称，一句热情而充满诚意的恰当寒暄，会让客户感觉到如沐春风，从而对你充满好感，接下来的谈话也会变得愉快而顺畅。

与客户思维保持同步

保持与客户思维的同步，只有你的想法、行动与客户的一致，才能让客户更容易地接受你。

一位心理大师曾说，人们往往错误地以为我们生活的四周是透明的玻璃，我们能看清外面的世界。事实上，我们每个人的周围都是一面巨大的镜子，镜子反射着我们生命的内在历程、价值观、自我的需要。

心理学研究发现，人们在日常生活中常常不自觉地把自己的心理特征归属到别人身上，认为别人也具有同样的特征，如自己喜欢说谎，就认为别人也总是在骗自己；自己自我感觉良好，就认为别人也都认为自己很出色。心理学家们称这种心理现象为"投射效应"。

"投射效应"对推销最重要的一条启示是：保持与客户思维的同步，只有你的想法、行动与客户的一致，才能让客户更容易接受你。

原一平提到，根据心理学的研究，人与人之间亲和力的建立是有一定技巧的。我们并不需要与他认识一个月、两个月、一年或更长的时间才能建立亲和力，如果方法正确了，你可以在 5 分钟或 10 分钟之内，就与他人建立很强的亲和力。他认为，其中一个特别有效的方法是：在沟通时与对方保持精神上的同步。

所以优秀的推销员对不同的客户会用不同的说话方式，对方说话速度快，就跟他一样快；对方说话声调高，就和他一样高；对方讲话时常停顿，就和他一样也时常停顿，这样才不会出现"各说各话"的尴尬情景。因为能做到这一点，所以优秀的推销员很容易和客户之间形成极强的亲和力，对各种客户应对自如。

除了思想上要与客户保持同步以外，还要吸引顾客的注意力。这对推销成功也是至关重要的。

有一个销售安全玻璃的推销员，他的业绩一直都维持北美整个区域的第一名，在一次顶尖推销员的颁奖大会上，原一平遇到了他，并问他："你有什么独特的方法来让你的业绩维持顶尖呢？"他说："每当我去拜访一个客户的时候，我的皮箱里面总是放了许多截成 15 厘米见方的安全玻璃，我随身也带着一把铁锤子，每当我到客户那里后我会问他：'你相不相信安全玻璃？'当客户说不相信的时候，我就把玻璃放在他们面前，拿锤子往上一敲。而每当这时候，许多客户都会因此而吓一跳，同时他们会发现玻璃真的没有碎裂开来。然后客户就会说：'天哪，真不敢相信。'这时候我就问他们：'你想买多少？'直接进行缔结成交的步骤，而整个过程花费的时间还不到一分钟。"

当他讲完这个故事不久，几乎所有销售安全玻璃的公司的推销员出去拜访客户的时候，都会随身携带安全玻璃样品以及一把小锤子。

但经过一段时间，他们发现这个推销员的业绩仍然维持第一名，他们觉得很奇怪。而在另一个颁奖大会上，原一平又问他："我们现在也已经做了同你一样的事情了，那么为什么你的业绩仍然能维持第一呢？"他笑一笑说："我的秘诀很简单，我早就知道当我上次说完这个点子之后，你们会很快地模仿，所以自那时以后我到客户那里，唯一要做的事情是我把玻璃放在他们的桌上，问他们：'你相信安全玻璃吗？'当他们说不相信的时候，我把玻璃放到他们的面前，把锤子交给他们，让他们自己来砸这块玻璃。"

许多推销员在接触潜在客户的时候都会有许多恐惧，不论我们接触客户的方式是打电话或面对面的接触，每当我们刚开始接触潜在客户的时候，大部分的结果都是以客户的拒绝而收场。

接触潜在客户是必须要有完整计划的，每当我们接触客户时，我们所讲的每一句话，都必须经过充分的准备。因为每当我们想要初次接触一位新的潜在客户时，他们总是会有许多的抗拒或借口。他们可能会说"我现在没有时间，我不需要"等借口，客户会想尽办法来告诉我们他们不愿意接触我们。所以接触潜在客户的第一步，就是必须突破客户这些借口，因为，如果无法有效地突破这些借口，我们永远没有办法开始我们产品的销售过程。吸引顾客的注意力，是打开推销过程很好的方法。

从有益于客户的构想出发

除非有一个有益于对方的构想，否则你就可能被拒绝。

为什么有的推销人员一直顺利、成功，而有的推销人员则始终无法避免失败？因为那些失败的推销人员常常是在盲目地拜访客户。他们匆匆忙忙地敲开客户的门，急急忙忙地介绍产品；遭到客户拒绝后，又赶快去拜访下一位客户。他们整日忙忙碌碌，所获却不多。

推销人员与其匆匆忙忙地拜访10位客户而一无所获，不如认认真真做好准备去打动一位客户。即推销人员要做建设性的拜访。

所谓建设性的拜访，就是推销人员在拜访客户之前，要调查、了解客户的需要和问题，然后针对客户的需要和问题，提出建设性的意见，如提出能够增加客户销售量，或能够使客户节省费用、增加利润的方法。

一位推销高手曾这样谈道："准客户对自己的需要，总是比我们推销人员所说的话还要值得重视。根据我个人的经验，除非有一个有益于对方的构想，否则我不会去访问他。"

推销人员向客户做建设性的访问，必然会受到客户的欢迎，因为你帮助客户解决了问题，满足了客户的需要，这比你对客户说"我来是推销××产品的"更能打动客户。尤其是要连续拜访客户时，推销人员带给客户一个有益的构想，是给对方良好印象的一个不可缺少的条件。

王涛的客户是一位五金厂厂长。多年以来，这位厂长一直在为成本的增加而烦恼不已。王涛在经过一番详细的调查后了解到其成本增加的原因，多半在于该公司购买了许多规格略有不同的特殊材料，且原封不动地储存。如果减少存货，不就能减少成本了吗？当王涛再次拜访五金厂厂长时，把自己的构想详尽地谈出来。厂长根据王涛的构想，把360种存货减少到254种，结果使库存周转率加快，同时也大幅度地减少了采购、验收入库及储存、保管等事务，从而降低了费用。

而后，五金厂厂长从王涛那里购买的产品大幅度地增加。

要能够提出一个有益于客户的构想，推销人员就必须事先搜集有关信息。王涛说："在拜访顾客之前，如果没有搜集到有关信息，那就无法取得成功。""大多数推销人员忙着宴请客户单位的有关负责人，我则邀请客户单位的员工吃饭，从他们那里得到有利的信息。"

王涛只是稍做一点准备，搜集到一些信息，便采取针对性的措施，打动了客户的心。王涛正因为认真地寻求可以助顾客一臂之力的方法，带着一个有益于顾客的构想去拜访客户，才争取到不计其数的客户。

别因为不注重仪表而被拒绝

作为一名与客户打交道的销售人员，我们应时刻注意自己的穿着，因为它代表了自身的品位，同时更代表了公司的形象。

人们习惯于用眼睛评判一个人的身份、背景，我们没有理由因为穿着的不当而丢失一份可能的订单。在西方有一句俗语：你就是你所穿的！可见人们对于仪表与穿着的重视。在华尔街还有一条类似的谚语：不要把你的钱交给一个脚穿破皮鞋的人。曾有位经理说过这样一个小故事：

A公司是国内很有竞争力的公司，他们的产品质量非常不错，进入食品添加剂行业仅一年，销售上就取得了不错的业绩。

有一天，我的秘书电话告诉我A公司的销售人员约见我。我一听是A公司的就很感兴趣，听客户说他们的产品质量不错，我也一直没时间和他们联系。没想到他们主动上门来了，我就告诉秘书让他下午3:00到我的办公室来。

3:10我听见有人敲门，就说请进。门开了，进来一个人，穿一套旧的皱皱巴巴的浅色西装，他走到我的办公桌前说自己是 A 公司的销售人员。

我继续打量着他，羊毛衫，打一条领带。领带飘在羊毛衫的外面，有些脏，好像有油污。黑色皮鞋，没有擦，看得见灰土。

有好大一会儿，我都在打量他，心里在开小差，脑中一片空白。我听不清他在说什么，只隐约看见他的嘴巴在动，还不停地放些资料在我面前。

他介绍完了，没有再说话，安静了。我一下子回过神来，我马上对他说：把资料放在这里，我看一看，你回去吧！

就这样我把他打发走了。在我思考的那段时间，我的心里没有接受他，本能地想拒绝他。我当时就想我不能与 A 公司合作。后来，另外一家公司的销售经理来找我，一看，与先前的那位销售人员简直有天壤之别，精明能干，有礼有节，是干实事的，我们就合作了。

作为一名与客户打交道的销售人员，我们应时刻注意自己的穿着，因为它代表了自身的品位，同时更代表了公司的形象。

一位迷人的销售小姐想销售一些减免所得税的投资项目。她打扮得非常漂亮，但她是去销售项目，不合时宜的打扮带给她的是负面效果。她穿着低开领的衣服，半露的胸部分散了顾客的注意力，顾客很难集中精力听她说些什么。

著名的时装设计大师香奈儿说过："一个女人如果打扮不当，你会注意她的衣着；要是她穿得无懈可击，你就会注意这个女人本身。"

从上面两个失败的案例我们可以看出：一身不合时宜的打扮简直就会要了一个人的命。

一般来说，男销售人员不宜留长发，女销售人员不宜浓妆艳抹、穿着暴露。作为一名销售人员，你应当设法争取更多的顾客，打扮上要做到雅俗共赏。

除此以外，销售人员不能蓬头垢面，不讲卫生。有些销售人员不刮胡子，不剪指甲，一讲话就露出满口黄牙或被烟熏黑了的牙齿，衣服质量虽好，但不洗不熨，皱皱巴巴，一副邋遢、窝囊的形象。这样顾客就会联想到销售人员所代表的企业，可能也是一副破败衰落的样子，说不定已经快要破产了。

人们都会通过一个人的衣着来揣测对方的地位、家庭修养、所受的教育背景，因此我们应时刻注意自己的衣着品位，避免遭到某种不怀善意的猜测。

记住客户的名字

记住客户的名字，客户就会获得被重视感，甚至被感动。

记住客户的名字和称谓很重要。

卡耐基在小的时候，家里养了一群兔子，所以每天找青草喂兔子成了他每日固定的工作。卡耐基年幼时家中并不富裕，他还要帮母亲做其他的杂事，所以，实在没有充裕的时间找到兔子喜欢吃的青草。因此，卡耐基想了一个办法：他邀请了邻近的小朋友到家里看兔子，要每位小朋友选出自己最喜欢的兔子，然后用小朋友的名字给这些兔子命名。每位小朋友有了与自己同名的兔子后，每天都会迫不及待地送最好的青草给自己同名的兔子。

名字的魅力非常奇妙，每个人都希望别人重视自己，重视自己的名字，就如同看重他本人一样。

1898 年，纽约石地乡有一个名叫吉姆的男孩，他的父亲意外去世后，他为养家到砖厂去工作，任务是把沙土舀进模子中，然后将砖坯放到一边，让太阳晒干。这个男孩从未有机会接受过教育，但他有着爱尔兰人乐观的性格和讨人喜欢的本领，后来他开始参政，多年以后，他养成了一种非凡本领。他从未见过中学是什么样子，但在他 46 岁以前，4 所大学已授予他学位，他成了民主党全国委员会的主席，美国邮政总监。

记者有一次访问吉姆，问他成功的秘诀。他说："若干。"记者说："不要开玩笑。"

他问记者："你以为我成功的原因是什么？"记者回答说："我知道你能叫出 1 万个人的名字来。"

"不，你错了，"他说，"我能叫出 5 万个人的名字！"

销售人员在面对客户时，若能经常流利地以尊重的方式称呼客户的名字，客户对你也会有好感。专业的销售人员会密切注意潜在客户的名字有没有被媒介报道，若是你能带着报道有潜在客户名字的剪报拜访你初次见面的客户，客户能不被你感动吗？能不对你心怀好感吗？记住客户的名字，客户才会记住你。

自信开启成功推销之门

乔·吉拉德说："信心是推销人员制胜的法宝。"自信心是推销人员最重要的资产。但是，在推销领域中，推销人员大都缺乏自信，感到害怕。为什么呢？因为他们认为："无论打陌生电话、介绍产品还是成交，都是我在要求对方帮助，请求对方购买我的产品。"

由于人们对推销员的认知度比较低，导致推销员在许多人眼中成为骗子和喋喋不休的纠缠者的代名词，从而对推销产生反感。这不仅给推销员的工作带来很大不利，而且也在潜移默化中让有些推销员自惭形秽，甚至不敢承认自己推销员的身份，让他们工作的开展更加艰难。这种尴尬，即使是伟大的推销员在职业生涯的初期也无法避免。

成功学家博恩·崔西也曾是一名杰出的推销员。有一次，博恩·崔西向一位客户进行推销。当他们交谈时，博恩·崔西仍然能感受到对方那种排斥心理，这个场面让他非常尴尬。"我简直不知道是该继续谈话还是该马上离开。"博恩回忆当时的情景时说。

后来，一个偶然的机会，博恩·崔西发现了自己挫败感的根源在于不敢承认自己推销员的身份。认识到这个问题后，他下决心改变自己。于是，每天他都满怀信心地去拜访客户，并坦诚地告诉客户自己是一名推销员，是来向他展示他可能需要的商品的。

"在我看来，人们的偏见固然是一大因素，但推销员自身没有朝气、缺乏自信、没有把自身的职业当作事业来经营是这一因素的最大诱因。"博恩·崔西说，"其实，推销是一个很正当的职业，是一种服务性行业，如同医生治好病人的病，律师帮人排解纠纷。而身为推销员的我们，则为世人带来舒适、幸福和适当的服务。只要你不再羞怯，时刻充满自信并尊重你的客户，你就能赢得客户的认同。""现在就改变自己的心态吧！大胆承认我们的职业！"博恩·崔西呼吁道，"成功永远追随着充满自信的人。我发现获得成功的最简单的方法，就是公开对人们说：'我是骄傲的推销员。'"

在推销过程中，难免会遇到像博恩·崔西这样遭人排斥的状况。这时你可以换个角度看问题："我认为我可以为客户提供有价值的服务，因为我已经做好市场调查。我并不是胡乱找人，对方确实需要我的服务，而且我将竭尽所能地帮助他们。"

"相信自己，你也能成为推销赢家。"这是博恩·崔西的一位朋友告诉他的。博恩·崔西把它抄下来贴在案头，每天出门前都要看一遍。后来，他的愿望实现了。

乔·坎多尔弗说："在推销过程的每一个环节，自信心都是必要的成分。"

首先，你应对你所推销的产品有自信。

天津顶好油脂有限公司要求推销人员拜访客户时，出门前都要大声朗诵："我的产品是最好的！最好的！最好的！最好的！最好的！"一次比一次声音大，气势雄伟，随后，带着这种自信走向客户。

其次，推销人员还要对自己充满信心。

推销人员的自信心，就是在推销过程中相信自己一定能够取得成功，如果你没有这份信心，你就不用做推销人员了。只有你树立强烈的自信心，才能最大程度地发挥自己的才能，赢得客户的信任和欣赏，说服他们，最后使他们心甘情愿地掏腰包。

推销是最容易受到客户拒绝的工作，如果你不敢面对它，没有战胜它的自信，那你肯定得不到成绩，你也将永远被你的客户拒绝。面对客户的拒绝，你只有抱着"说不定什么时候，我一定会成功"的坚定信念，即使客户横眉冷对，表示厌烦，也信心不减，坚持不懈地拜访他，一定会有所收获。

如果你是一个有志于成为杰出推销员的人，不妨也在心中记下一些话，不断激励自己：

——远离恐惧，充满自信、勇气和胆识；

——不要当盲从者，争当领袖，开风气之先；

——避谈虚幻、空想，追求事实和真理；

——打破枯燥与一成不变，自动挑起责任，接受挑战。

第二章

谈销售前先谈感情，拉近客户零距离

BA HUA
SHUO DAO
KEHU XINLI QU

引导顾客了解市场，改变顾客对自己的"奸商"评价

顾客："我说我想要原来的那一款，你总是向我推荐我没有仔细研究的款式，而且似乎总是高端的产品，莫非你打算从中赚取差价？嗯……你是奸商吗？"

销售人员："……"

"嗯……你是奸商吗？"这句话很冷很直接，足以使场面陷入十足的尴尬。不可否认，在转变顾客需求的过程中，经常会遇到顾客提出这个问题的情况，这是顾客对销售人员极度不信任的表现。但归根结底，这是销售人员没能成功向顾客普及新产品知识和市场情况的结果，没能打消顾客的疑虑所致。

很多时候，转变顾客需求会变得非常麻烦，尤其是遇到心存疑虑、态度又比较坚决的"心重"型顾客的时候，这时你就不能一味地围绕着证明自己的"非奸商"身份的话题来展开，否则会"越描越黑"。

顾客存有这种疑虑很正常，因为有很多顾客在走进卖场前，就已经认真了解了自己想要的产品的大致价格范围，甚至确定了具体型号。而当自己非常熟悉的产品因为各种原因无法买到时，顾客已经比较焦虑，此时加上销售人员对顾客预定产

品的贬低和对新产品的抬高，顾客难免会有怀疑销售人员动机的想法。这时，销售人员必须尽快让顾客认识到新产品的市场情况，让顾客认识到这种产品在其他卖场中的报价和服务，以及同类产品的报价等情况，从而打消顾客疑虑，重新取得顾客的信任。

销售人员可以按照以下模板灵活应对顾客：

"这位大哥，您的想法很有必要，毕竟现在市场上确实有一些不良销售人员借机欺诈顾客，但那些销售人员都是没有固定店铺、游走于电器城的闲散人员。咱们这家家电卖场是正规的大公司，我们这些销售人员都是经过公司正规培训的，我们始终以信誉为本，您放心就是啦！此外您要购买的产品由于市场销量不是很好，大部分卖场库存都不多，因此在市场上不好买到。我之所以向您推荐另一款产品，并不是说我能从中多赚多少钱，不信您可以从我们卖场的联网电脑上查询一下其他卖场的价格情况。作为一名销售人员，为您提供满意且高效的服务，从而节省您宝贵的时间和金钱，这是我们不可推卸的责任。此外，拥有和您原来想购买的产品一样的功能甚至比那款产品性能还好的有好几款产品，这些产品有很多都针对原有产品性能的缺陷进行了改进，从而让您的生活更加安心，比如这款 D 型号的产品，就比原来那款节能。"

顾客："哦，这样啊。我就是害怕被奸商骗了。上次在一座数码大厦里，我就被一个销售人员骗了好几百，我都成惊弓之鸟了。那你给我介绍一下这个新产品吧，我看看是不是如你所说的那样。"

（这时候，顾客重新被吸引，销售人员就可以进行专业解说了。）

应对顾客的怀疑，你不仅要以各种方式"还自己清白"，更要以顾客为中心，普及新产品的优势和市场状况，让顾客了解市场，消除心中的疑虑。

对态度不好的顾客采取迂回战术

一个打扮时髦的女人走进家电卖场，后面跟着一个五大三粗的男子。

销售人员小韩："小姐、先生，您好！欢迎来到××购物广场！有什么需要帮助您的？"

男子："小姐？你叫谁小姐呢？"

销售人员小韩："哦！呵呵，是，女士！"

男子："你的态度太差了吧！"

销售人员小韩："对不起，真的很抱歉，是我的口误，今后我一定改正。"

男子："你是不是见个女人就叫人家'小姐'啊？都什么世道

了啊！"

销售人员小韩："对不起，我以后会注意的。"

男子："不要把我当作傻瓜，你们这些销售人员没一个好东西，都只会忽悠人，你老实点！"

销售人员小韩："我绝对没有这个意思。如果让您有这种感觉的话，我郑重向您道歉。"

男子："你说话能不能再客气一点？"

销售人员小韩："冒犯您了，真是对不起。"

男子："你懂不懂说话礼节？"

销售人员小韩："真对不起，以后我一定注意。"

然后这个男子就被那个女子劝了几句，拉进了卖场。

销售人员小韩："呵呵，这位帅气的大哥，实在抱歉，刚才是我的错。嗯，欢迎帅哥美女来到家电卖场，我是这里的销售人员小韩，在这里工作 3 年了，因此对这个大卖场的产品非常熟悉，二位有什么疑问，我立刻帮你们解答，请问二位要买什么产品？"

男子："嗯！看你说话挺和气，我带我女友来买一台冰箱，这样她买的很多新鲜水果就能放在冰箱里了……"

有时候，商场里会因为鸡毛蒜皮的事情而引起误会甚至打斗，这些情况往往是因为销售人员意气用事，不肯让步造成的。正所谓"生意不在人情在"，销售人员要始终记清自己引导消费的职责。场景中的小韩处理事情比较稳当，没有出现什么冲突，而且"厚着脸皮"将顾客从无关的事情中引向产品销售。

作为一名销售人员确实很不容易，但你必须时刻应对各种情况，不可意气用事与顾客顶撞，要明白，你的唯一使命就是顺利地把产品卖出去。

态度不好甚至是吹毛求疵的顾客一般疑心很重，不信任销售人员，片面认为销售人员只会夸张地介绍产品的优点，而尽可能地掩饰缺点，如果相信销售人员的甜言蜜语，可能会上当受骗。

必须承认，吹毛求疵的顾客的确存在，而态度不好的顾客也不在少数。那么，你应该如何应对这样的顾客呢？

与这类顾客打交道，销售人员要采取迂回战术。先与他交锋几个回合，但必须适可而止，最后故意宣布"投降"，假装战败而退下阵来，宣称对方有高见，等其吹毛求疵和生气的话说完之后，再转入销售的论题。

销售是重复博弈，诚信是这场心理博弈的天平

[案例一]

早年尼泊尔的喜马拉雅山南麓很少有外界的人进入。后来，许多日本人到这里观光旅游，据说源于一位少年的诚信。一天，几位日本摄影师请当地一位少年代买啤酒，这位少年为之跑了3

个多小时。第二天，那个少年又自告奋勇地再替他们买啤酒。这次摄影师们给了他很多钱，但直到第三天下午那个少年还没回来。于是，摄影师们议论纷纷，都认为那个少年把钱骗走了。第三天夜里，那个少年却敲开了摄影师的门。原来，他只买到了4瓶啤酒，然后，他又翻了一座山，蹚过一条河才购得另外6瓶，返回时却摔坏了其中3瓶。他哭着拿出酒瓶碎片，向摄影师交回零钱，在场的人无不动容。这个故事使许多外国人深受感动，也因此，到这儿的游客越来越多……

[案例二]

一个顾客走进一家电脑维修店，自称是某公司的采购专员。"麻烦在我的账单上多写点零件，我回公司报销后，有你的好处。"他对店主说，没想到，店主竟然拒绝了他的要求。顾客继续纠缠说："我以后的生意不小，你肯定能赚很多钱！"店主告诉他，这事无论如何也不能做。最后，顾客气急败坏地嚷道："白送你钱都不要，我看你是太傻了。"店主火了，他要那个顾客马上离开，到别处去谈这种生意。

这时，顾客露出微笑并满怀敬佩地握住店主的手："其实我就是那家公司的老板，我一直在找一个固定的、信得过的维修店，你还让我到哪里去谈这笔生意呢？"

第一个故事中，少年头脑中简单的原则为自己赢得了尊严，也赢得了旅游者们的信任。的确，在这个物欲横流的时代，能不被利益左右，坚守原则和诚信并不容易。但不妨看看一些知名的大企业，它们的成功，往往靠的就是这两个字：诚信。这就是诚信，简单，却令人敬佩，虽平淡、质朴，却让人领略到崇高。第二个案例则不仅揭示了诚信的可贵，而且表明，诚信经营可以赢得长期的合作伙伴。

买卖分为"一次性"博弈和"重复性"博弈两种，在一次性博弈中，博弈双方在没有强烈的道德与情感的因素约束下，参与人都会为自己当前的最大收益奋斗。如果我们将销售当作是一次性博弈，在这一情境下的销售员很可能就将服务当作销售而做的功利性服务，只考虑当前的最大利益，为了成交当前的买卖而对消费者极尽贴心热情，一旦成交，便态度迥异。

然而，成功的销售一定是将与消费者之间的交易看作是多次的重复性博弈。多次博弈与一次性博弈完全不同，它遏制了人们的绝对功利性，每一个参与人的行动都是小心翼翼的，因为他们知道自己不是一次博弈，他们需要为将来考虑。如果有谁在第一次博弈中就要尽卑鄙的手段，或者背叛，或者不诚实合作，那么他最终将面临报复。人们常说，欺骗只能得逞一时，却不会最终成功。诚信是重复博弈中的天平，直接影响着消费者今后的消费倾向。

天下客户都一样，四大效应让你轻松赢得客户好感

作为销售人员，我们总会遇到各种各样的客户，最大的问题就是如何让客户接受我们并愿意与我们进一步接触。

一、移情效应

"爱人者，兼其屋上之乌"，心理学中把这种对特定对象的情感迁移到与其相关的人、事、物上来的现象称为"移情效应"。

移情效应表现为人、物和事情上，即以人为情感对象而迁移到相关事物的效应或以物、事为情感对象而迁移到相关人的效应。据说蹴鞠（足球）是高俅发明的，他的球踢得好，皇帝从喜爱足球到喜爱高俅，于是最后高俅成了皇帝的宠臣。而生活中的"以舞会友""以文会友"等很多活动都是通过共同的爱好而使不相识的人建立了友谊，这些都是移情效应的表现。

销售人员在与客户打交道的过程中，这种移情效应的巧妙应用会大大增加交易成功的概率。

拉堤埃是欧洲空中客车公司的推销员，他想打开印度市场，但当他打电话给拥有决策权的拉尔将军时，对方的反应却十分冷淡，根本不愿意会面。经过拉堤埃的强烈要求，拉尔将军才不得不答应给他 10 分钟的时间。

会面刚开始，拉堤埃便告诉拉尔将军，他出生在印度。拉堤埃又提起自己小时候印度人对自己的照顾，和自己对印度的热爱，使拉尔将军对他生出好感。之后，拉堤埃拿出了一张颜色已经泛黄的合影照片，恭敬地拿给将军看。那是他小时候偶然与甘地的一张合影。于是，拉尔将军对印度和甘地的深厚感情，便自然地转到了拉堤埃身上。毫无疑问，最后生意也成交了。

移情效应是一种心理定式。正所谓"七情六欲"是人的本性，所以人和人之间最容易产生情感方面的好恶，并由此产生移情效应。洞悉人性，把握人性，要迈出销售第一步，就应该像拉堤埃一样懂得这一点。

二、喜好原理

人们总是愿意答应自己认识和喜欢的人提出的要求。而与自己有着相似点的人、让我们产生愉悦感的人，通常会是我们喜欢的人。这就是喜好原理。

不怕客户有原则，就怕客户没爱好。销售员可以从以下5个方面发觉自己对别人与客户的相似度。

1.打造迷人的外表吸引力。一个人的仪表、谈吐和举止，在很大程度上决定了其在对方心目中是否能受到欢迎。

2.迅速寻找彼此的相似性。物以类聚，有着相同兴趣、爱好、观点、个性、背景，甚至穿着的人们，更容易产生亲近感。

3.想办法与目标对象接触。人们总是对接触过的事物更有好感，对熟悉的东西更是有着特别的偏爱。

4. 制造与美好事物的关联。如果我们与好的或是坏的事情联系在一起，会影响到我们在旁人心中的形象。

5. 毫不吝惜你的赞美之词。发自内心的称赞，更会激发人们的热情和自信。

喜好原理的关键是获得他人的好感，进一步建立友谊。在中国，将喜好原理用得炉火纯青的就是保险公司了。他们还总结提炼了"五同"，即同学、同乡、同事、同窗以及同姓。总之，只要可以联系上的都可以展开销售，因为这有利于建立关系，达成交易。

三、自己人效应

19世纪末欧洲最杰出的艺术家之一的温森特·凡·高，曾在博里纳日做过一段时间的牧师。那是个产煤的矿区，几乎所有的男人都下矿井。他们工作危险，收入微薄。凡·高被临时任命为该地的福音传教士，他找了峡谷最下头的一所大房子，和村民一起在房子里用煤渣烧起了炉子，以免房子里太寒冷。之后，凡·高开始布道。渐渐地，博里纳日人脸上的忧郁神情消退了，他的布道受到了人们的普遍欢迎。作为上帝的牧师，他似乎已经得到了这些满脸煤黑的人们的充分认可。

可是为什么呢？凡·高百思不得其解。突然脑海中闪过一个念头，他跑到镜子前，看见自己前额的皱纹里、眼皮上、面颊两边和圆圆的大下巴上，都沾着万千石山上的黑煤灰。"当然！"他大声说，"我找到了他们对我认可的原因，因为我终于成了他们的自己人了！"

一个人，一旦认为对方是"自己人"，则会从内心更加接受，不自觉地对其另眼相待。

在生活中，"自己人效应"很是普遍。一个很简单的例子：本专业的教师向大学生介绍一种工作和学习的方法，学生比较容易接受和掌握；若其他专业的教师向他们介绍这些方法，学生就不容易接受。

销售员要想得到客户的信任，想办法让对方把自己视为"自己人"，这无疑是一条捷径。

四、兴趣效应

人与人在交往的过程中，常常会出现"惺惺相惜"的情况，社会心理学认为，共同的兴趣是"相见恨晚"的重要因素。

高珊是一名自然食品公司的推销员。一天，高珊还是一如往常，登门拜访客户。当她把芦荟精的功能、效用告诉客户后，对方表示没有多大兴趣。当她准备向对方告辞时，突然看到阳台上摆着一盆美丽的盆栽，里面种着紫色的植物。于是，高珊好奇地请教对方说："好漂亮的盆栽啊！平常似乎很少见到。"

"确实很罕见。这种植物叫嘉德里亚，属于兰花的一种，它的美，在于那种优雅的风情。"

"的确如此。一定很贵吧？"

"当然了，这盆盆栽要 800 元呢！"

高珊心里想："芦荟精也是 800 元，大概有希望成交。"于是她开始有意识地把话题转入重点。

这位家庭主妇觉得高珊真是有心人，于是开始倾其所知传授所有关于兰花的学问。等客户谈得差不多了，高珊趁机推销产品："太太，您这么喜欢兰花，一定对植物很有研究。我们的自然食品正是从植物里提取的精华，是纯粹的绿色食品。太太，今天就当作买一盆兰花，把自然食品买下来吧！"

结果这位太太竟爽快地答应了。她一边打开钱包，一边还说："即使我丈夫，也不愿听我絮絮叨叨讲这么多，而你却愿意听我说，甚至能够理解我这番话，希望改天再来听我谈兰花，好吗？"

客户的兴趣是销售员成功实现销售的重要突破口。志趣相投的人是很容易熟识并建立起融洽的关系的。如果销售员能够主动去迎合客户的兴趣，谈论一些客户喜欢的事情或人物，把客户吸引过来，当客户对你产生好感的时候，购买你的商品也就是水到渠成的事了。

切中客户追求的自我重要感

小张和小孟是同一家公司的销售员，两个人销售同一种产品，而且恰巧同时面对一个客户销售。小张销售时一直很专业地介绍自己的产品，却无法被客户喜欢和接受；而小孟大部分时间在与客户闲聊，并不时向客户请教一些问题，适当地表示感谢，对产品的介绍仅仅是一带而过，结果当场成交。为什么会这样？

这就是自我重要感。客户真正需要的并不仅仅是商品本身，更重要的是一种满足感。

为什么小张不被客户欢迎？是因为他一直在滔滔不绝地介绍自己的产品，而忽略了对客户起码的尊重和感谢。而小孟始终对客户恭敬有礼，不时的请教和感谢让客户受到了足够的重视，给客户一种自己很重要的感觉，从而使客户被重视的心理得以满足，于是很自然地从情感上对小孟表示了认同，促成了这笔交易。

客户选择购买的原因，从心理学的角度分析，是希望通过购买商品和服务而得到解决问题的方案及获得一种愉快的感觉，从而获得心理上的满足。所以，可以这样说，客户真正需要的除了商品，更是一种心理满足，心理满足才是客户选择购买的真正原因。

劳尔是铁管和暖气材料的推销商，多年来，他一直想和某地一位业务范围极大、信誉也特别好的铁管批发商做生意。但是由于那位批发商是一位特别自负、喜欢使别人发窘的人，他以无情、刻薄为荣，所以，劳尔吃了不少苦头。每次劳尔出现在他办公室门前时，他就吼叫："不要浪费我的时间，我今天什么也不要，走开！”

面对这种情形，劳尔想，我必须改变策略。当时劳尔的公司正计划在一个城市开一家新公司，而那位铁管批发商对那个地方特别熟悉，在那地方做了很多生意。于是，劳尔稍加思考，又一次去拜访那位批发商，他说："先生，我今天不是来推销东西，是来请您帮忙的，不知您有没有时间和我谈一谈？"

"嗯……好吧，什么事？快点说。"

"我们公司想在××地开一家新公司，而您对那地方特别了解，因此，我来请您帮忙指点一下，您能赏脸指教一下吗？"

闻听此言，那批发商的态度与以前简直判若两人，他拉过一把椅子给劳尔，请他坐下。在接下来的一个多小时里，他向劳尔详细地介绍了那个地方的特点。他不但赞成劳尔的公司在那里办新公司，还着重向他说了关于储备材料等方面的方案。他还告诉劳尔他们的公司应如何开展业务。最后扩展到私人方面，他变得特别友善，并把自己家中的困难和夫妻之间的不和也向劳尔诉说了一番。

最后，当劳尔告辞的时候，不但口袋里装了一大笔初步的装备订单，而且两个人之间还建立了友谊，以后两个人还经常一块去打高尔夫球。

心理学家弗洛伊德说，每一个人都有想成为伟人的欲望，这是推动人们不断努力做事的原始动力之一。因为渴求别人的重视，是人类的一种本能和欲望。渴望被人重视，这是一种很普遍的、人人都有的心理需求，我们每个人都在努力往高处爬，希望得到更多的利益和更高的地位，希望得到别人的尊重和喜欢。

重要感更存在于消费者的消费心理中，特别是在生存性消费需要得到满足之后，客户更加希望能够通过自己的消费得到社会的承认和重视。敏锐的销售员已经意识到，顾客的这种心理需求正好给销售员推销自己的商品提供了一个很好的突破口，销售员可以通过刺激客户的自我重要感来促成其购买决定。

与寻求重要感相对的，是害怕被人轻视的心理。销售员要仔细观察，适当地通过反面刺激，也会达到欲扬先抑的效果。所以在销售过程中，销售员适度地说一些反面的话来刺激客户的自尊心，从而引发他的自我重要感，可能会促使客户一狠心买下更贵的产品以显示自己的不容小觑。

真诚地尊重客户，给他们重要感，是打开对方心门的金钥匙。销售员要永远让客户感受到自己的重要，多给客户一些关心和理解，对客户的尊重和付出，会让你得到同样甚至更多的回报。

真心为客户着想，才能俘获客户的心

有这样一个故事，一个盲人，在夜晚走路时，手里总是提着一盏明亮的灯笼，人们很好奇，就问他："你自己什么都看不见，为什么还要提着灯笼走路呢？"盲人说："我提着灯笼，为别人照亮了路，同时别人也更容易看到我，不会撞到我。这样既帮助了别人，也保护了我自己。"作为销售人员，看到这个故事，你有什么感受？

销售人员提升业绩的诀窍并不是"以营利为唯一目的"，而是"为客户着想，以共赢为目的"。

在销售过程中，很多销售人员为了获取更多的利益，总是不惜损害客户的利益。他们或者是让客户购买一些质量差且价格高的产品，或者是当商品售出后出现质量问题不负责。其实，表面上看这样或许获得了不菲的收益，但却是短期的。从长远的角度看，客户对销售员的发展是不利的。试想，如果客户的利益受到损害，对销售人员的信赖度就会降低。时间长了，客户就会不断流失，从而使销售人员自身利益受到巨大的损害。

因此，优秀的销售人员一定是将客户的问题当作自己的问题来解决，这样才能赢得客户的信赖。为客户着想是一个对客户投资的过程，会使销售员与客户之间的关系更加稳定牢固，使合作更加长久。

在销售中，为客户着想最重要的一点是提供能够为客户增加价值和省钱的建议。客户购买产品，最关注的是产品的价值和产品的价格。销售人员要时时刻刻为客户着想，先不要考虑即将得到的利润，而是帮助客户考虑怎样才能为他省钱，帮客户省钱就等于为客户赚钱。销售人员还要帮助客户挑选最合适的产品，让客户以最少的投入获取最大的回报，而不是一味出售最贵的。

在美国零售业中，有一家知名度很高的商店，它就是彭奈创办的"基督教商店"。

有一次，彭奈到爱达荷州的一个分公司视察业务，他没有先去找分公司经理，而是一个人在店里"逛"了起来。

当他走到卖罐头的部门时，店员正跟一位女顾客谈生意。

"你们这里的东西似乎都比别家贵。"女顾客说。

"怎么会？我们这里的售价已是最低的了。"店员说。

"你们这里的青豆罐头就比别家贵了3分钱。"

"噢，你说的是绿王牌，那是次级货，而且是最差的一种，由于品质不好，我们已经不卖了。"店员解释说。

女顾客讪讪地，有点不好意思。

店员为了卖出产品，就又推销道："吃的东西不像别的，关系一家老小的健康，您何必省那3分钱呢！这种牌子是目前最好的，一般上等人家都用它，豆子的光泽好，味道也好。"

"还有没有其他牌子的呢？"女顾客问。

"有是有，不过那都是低级品，您要是想要的话，我拿出来给您看看。"

"算了，"女顾客面有愠色，"我以后再买吧。"连挑选出的其他罐头她也不要了，掉头就走。

"这位女士请留步，"彭奈急忙说，"您不是要青豆吗？我来介绍一种又便宜又好的产品。"

女顾客愣愣地看着他。

"我是这里专门管进货的，"彭奈赶忙自我介绍，消除对方的疑虑，然后接着说，"我们这位店员刚来不久，有些货品不太熟悉，请您原谅。"

那位女士当然不好意思再走开。彭奈顺手拿过××牌青豆罐头，他指着罐头说："这种牌子是新出的，它的容量多一点，味道也不错，很适合一般家庭用。"

女顾客接了过去，彭奈又亲切地说："刚才我们店员拿出的那一种，色泽是好一点，但多半是餐馆用，因为他们不在乎贵几分钱，反正羊毛出在羊身上，家庭用就有点划不来了。"

"就是嘛，在家里用，色泽稍微差一点倒是无所谓，只要不坏就行。"

"卫生方面您大可放心，"彭奈说，"您看，上面不是有检验合格的标志吗？"

这笔小生意就这样做成了。

可见，在销售过程中，为客户着想就是为自己着想，当客户从内心感受到你是在为他服务，而不只是要从他的口袋中掏钱时，他自然会愿意购买你的产品。

没有人愿意拒绝他人真诚的帮助。为客户着想是销售的最高境界，因为只有让客户自己发现你是在为他着想时，他才会愿意与你合作。所以，销售员一定要站在客户的立场考虑问题，切实做到为客户利益着想，这样，你得到的将是无数长期合作的"粉丝"客户。

第三章

说好专业话，先做行家再做卖家

给客户安全感，让客户没有后顾之忧

当你购买某一产品的时候，你最怕什么？质量不好？不安全？不适合自己？花冤枉钱？是啊，几乎所有的消费者在面对不熟悉的产品时，都会有这些担心和害怕，怎么做才能让他们安心购买呢？

用心传递价值，让客户没有任何后顾之忧。

心理学研究发现，人们总是对未知的人、事、物产生自然的疑虑和不安，在销售的过程中这个问题尤为明显。一般情况下，客户对销售员大多存有一种不信任的心理，他们认定销售员所提供的各类商品信息，都或多或少包含一些虚假的成分，销售员甚至会存在欺诈的行为。所以，在与销售员交谈的过程中，很多客户认为他们的话可听可不听，往往不太在意，甚至是抱着逆反的心理与销售员进行争辩。

因此，在销售过程中，如何迅速有效地消除顾客的顾虑心理，就成为销售员最重要的能力之一。因为聪明的销售员都知道，如果不能从根本上消除客户的顾虑心理，交易就很难成功。

客户会产生顾虑的原因有很多，除了对产品性能的不确定外，主要有以下几点：

第一，客户在以往的生活经历中，曾经遭遇过欺骗，或者买来的商品没有达到他的期望。

第二，客户从新闻媒体上看到过一些有关客户利益受到伤害的案例。新闻媒体经常报道一些客户购买到假冒伪劣商品的案例，尤其是一些伪劣家电用品、劣质药品或保健品，会给客户的健康甚至生命造成巨大的威胁。

第三，客户害怕损失金钱或者是花冤枉钱，他们担心销售员所推销的这种产品或者服务根本不值这个价钱。

第四，客户担心自己的看法与别人的会有不同，怕销售员因此而嘲笑他、讥讽他，或是遭到自己在意的、尊重的人的蔑视。

种种顾虑使得客户自觉不自觉地绷紧了心中的那根弦，所以说，在面对消费者时，销售员要尽自己最大努力来消除客户的顾虑心理，用心向他们传递产品的价值，使他们打消顾虑。

消除客户的顾虑心理，首先要做的就是向他们保证，他们决定购买是非常明智的，而且购买的产品是他们在价值、利益等方面做出的最好选择。

一位客户想买一辆汽车，看过产品之后，对车的性能很满意，现在所担心的就是售后服务了，于是，他再次来到甲车行，向推销员咨询。

客户："你们的售后服务怎么样？"

销售员："先生，我很理解您对售后服务的关心，毕竟这可不是一个小的决策，那么，您所指的售后服务是哪些方面呢？"

客户："是这样，我以前买过类似的产品，但用了一段时间后就开始漏油，后来拿到厂家去修，修好后过了一个月又漏油。再去修了以后，对方说要收 5000 元修理费，我跟他们理论，他们还是不愿意承担这部分费用，没办法，我只好自认倒霉。不知道你们在这方面是怎么做的？"

销售员："先生，您真的很坦诚，除了关心这些还有其他方面吗？"

客户："没有了，主要就是这个。"

销售员："那好，先生，我很理解您对这方面的关心，确实也有客户关心过同样的问题。我们公司的产品采用的是欧洲最新 AAA 级标准的加强型油路设计，这种设计具有很好的密封性，即使在正负温差 50 摄氏度，或者润滑系统失灵 20 小时的情况下也不会出现油路损坏的情况，所以漏油的概率很低。当然，任何事情都怕万一，如果真的出现了漏油的情况，您也不用担心。我们的售后服务承诺：从您购买之日起 1 年之内免费保修，同时提供 24 小时之内的主动上门服务。您觉得怎么样？"

客户："那好，我放心了。"

最后，客户买了中意的汽车。

从某种意义上来说，消除疑虑正是帮助客户恢复购买信心的过程。因为在决定是否购买的一刻，买方信心动摇、开始后悔是常见的现象。这时候顾客对自己的看法及判断失去信心，销售员必须及时以行动、态度和语言帮助顾客消除疑虑，加强顾客的信心。

消除顾客疑虑的最佳武器就是自信。优秀的销售员的沉稳和自然显现的自信可以重建顾客的信心。

除了自信的态度之外，另一个重要的武器便是言辞。比如有一位顾客原本想采购一种电子用品，但是他没有用过，不确定这个决定对不对。聪明的销售员会马上说："我了解你的想法，您不确定这种电子产品的功能，怀疑是不是像产品说明书所说的，对不对？您看这样好不好，您先试用……"在关键时刻，销售员纯熟的成交技巧会让顾客疑虑全消。

在销售过程中，顾客心存顾虑是一个共性问题，如若不能正确解决，将会给销售带来很大的阻碍。所以，销售员一定要努力打破这种被动的局面，善于接受并巧妙地化解客户的顾虑，使客户放心地买到自己想要的商品。只要能把握脉络，层层递进，把理说透，就能够消除客户的顾虑，使销售成功进行。

把握准客户之间的微妙心理博弈

小王是一家服装店的营业员。一天早上，服装店刚开门，就来了三位顾客。一位是 60 多岁的老太太，后面是一对青年男女。男的戴一副眼镜，颇有知识分子风度。女的穿着入时，显然是一位注重打扮的姑娘。

　　小王热情地迎上去打招呼："三位要买些什么？"老太太回头对这对青年男女说："这里货多，你们仔细看看，拣条称心的买。"小王心里明白了，这是婆婆为未来的儿媳妇买裤子。于是，她指着挂在货架上各种各样的裤子说："这些式样现在都有现货，你们要看哪一条，我拿出来让姑娘穿上试试。"

　　三个人都抬起头来不作声。小王发现，老太太的目光总是停在四十几元一条的裤子上，而姑娘却目不转睛地盯着八十几元一条的裤子。这时，男青年的眼睛一会儿看看裤子，一会儿又看看老太太和姑娘，脸上露出一些不安的神色。

　　几分钟过去了，细心的小王从他们目光中捉摸出老太太想节省一点，买条物美价廉的裤子；姑娘倾心时髦，想不惜破费买条高档的裤子，但两个人都不好意思先开口。男青年大概看出了双方的心情，既怕买了便宜的得罪了女友，又怕买了贵的得罪了母亲，所以左右为难，一声也不吭。

　　了解了顾客的心理后，小王对老太太说："这种四十几元的裤子，虽然价格便宜、经济实惠，但都是用混纺料做成的，一般穿穿还可以，如果要求高一些恐怕就不能使人满意了。"接着，她又对姑娘说："这种八十几元一条的裤子，虽然样式新颖，但颜色均比较深，年轻姑娘穿恐怕老气了点，不太合适。"说着，她取出一条六十几元的米黄色裤子说："这种裤子式样新颖，质量也不错，而且米黄色是今年的流行色，高雅富丽、落落大方，姑娘们穿上更能显出青春的活力。许多人都竞相购买，现在只剩几条了，您不妨试穿一下。"

营业员的一席话，使气氛顿时活跃起来，姑娘喜形于色，老太太眉开眼笑，男青年转忧为喜。三个人有说有笑地翻看着这条裤子，姑娘试穿后，也十分满意，老太太高高兴兴地付了钱。善于察言观色是与顾客沟通的一个重要技能，不仅对销售行为有明显的促进作用，而且对于顾客关系的改善也有明显的作用。在这个案例中，服装店营业员小王就通过察言观色把握了不同顾客的心理而成功卖出了一条裤子。

案例中，三位顾客的年龄和身份都不同，小王通过细心观察发现了他们的不同心理特征：老太太想买便宜的，姑娘想买贵的，男青年夹在中间为难。得出这个结论靠的是推销员的右脑能力，即要善于察言观色，能准确判断出潜在顾客的偏好和情绪。

当小王了解了三个人的不同心理后，对他们之间的微妙心理博弈洞若观火，于是他及时调整了自己的对策，对顾客说：便宜的裤子不实用，贵的裤子颜色不适合，中间价位的既很实用又流行。这段话说出来让三个人都高兴起来，最后付钱成交。

在销售过程中，推销员要能够察言观色，对顾客之间的微妙心理博弈更是不可放过，然后找准一个多方都能接受的心理平衡点，促成销售。

抓住最能令客户心动的卖点，并无限扩大

发现客户对某一个独特的卖点感兴趣时，就要及时强调产品的独特卖点，把客户的思维始终控制在独特的卖点上，促使其最后做出购买的决策。

销售员："早上好，宋经理，我是 M 乳品公司的客户经理陈玉田，想和您谈一谈我们产品进店的事宜，请问您现在有时间吗？"

（通过前期了解，销售员已经知道卖场的负责人姓名及电话。）

客户："我现在没有时间，马上就要开部门例会了。"

（急于结束通话，很显然对此次交谈没有任何兴趣。）

销售员："那好，我就不打扰了。请问您什么时间有空，我再打电话给您？"

（这时一定要对方亲口说出时间，否则你下次致电时他还会以另一种方式拒绝。）

客户："明天这个时间吧。"

销售员："好的，明天见。"

（明天也是在电话里沟通，但"明天见"可以拉近双方的心

理距离。)

周二早晨，销售员再次拨通了宋经理办公室的电话。

销售员："早上好，宋经理，我昨天和您通过电话，我是 M 乳品公司的客户经理陈玉田。"

（首先要让对方想起今天致电是他认可的，所以没有理由推脱。）

客户："你要谈什么产品进店？"

销售员："我公司上半年新推出的乳酸菌产品，一共 5 个单品，希望能与贵卖场合作。"

客户："我对这个品类没有兴趣，目前卖场已经有几个牌子销售了，我暂时不想再增加品牌了，不好意思。"

（显然已经准备结束谈话了。）

销售员："是的，卖场里确有几个品牌，但都是常温包装，我公司产品是活性乳酸菌，采用保鲜包装，消费者在同等价格范围内肯定更愿意购买保鲜奶。其次我公司产品已全面进入餐饮渠道，尤其是您附近的那几家大型餐饮店，有很多消费者到卖场里二次消费。我公司采用'高价格高促销'的市场推广策略，所以我公司产品给您的毛利点一定高于其他乳产品。"

（用最简短的说辞提高对方的谈判兴趣，在这段话中销售员提到了产品卖点、已形成的固定消费群体、高额毛利，每一方面都点到为止，以免引起对方的反感从而结束谈判。）

客户（思考片刻）："还有哪些渠道销售你的产品？"

（对方已经产生了兴趣，但他需要一些数据来支持自己的想法。）

销售员："现在已经有100多家超市在销售我们的产品了，其中包括一些国际连锁店，销售情况良好，我可以给您出示历史数据。"

（通过对事实情况的述说增强对方的信心。）

客户："好吧，你明天早上过来面谈吧，请带上一些样品。"

从销售的角度来说，没有卖不出去的产品，只有卖不出去产品的人。因为聪明的推销员总可以找到一个与众不同的卖点将产品卖出去。独特卖点可以与产品本身有关，有时候，也可以与产品无关。独特卖点与产品有关时，可以是产品的独特功效、质量、服务、价格、包装等；当与产品无关时，这时销售的就是一种感觉，一种信任。以上两个销售故事就是推销员用独特的卖点打动客户的典型案例。

案例中的销售员在首次通话时，买方没有给销售员交谈的机会，很多销售人员在此刻只能无奈地结束通话。而本案例中的销售员表现出灵活的应变能力，争取了一次合理的通话机会。在第二次通话时，面对买方的拒绝，销售员按照电话谈判的要点，在很短的时间内简洁地向对方告知产品的独特卖点与竞争优势，成功地提高了对方的谈判兴趣，最终赢得了双方常规谈判的机会。

总之，如果你想卖出产品，就先把产品的独特卖点找出来并展示给客户。

淡化功利的目的性，才能让客户愿意接近你

托马斯是一位证券经纪人，高尔夫球是他最喜欢的娱乐之一，在打高尔夫球时，他总能得到彻底放松。在上大学期间，托马斯是格罗斯高尔夫球队的队长。虽然如此，但他的首要原则就是在打高尔夫时不谈生意，尽管接触的是一些极好的客户，事实上就是他所在的乡村俱乐部的会员。托马斯习惯于把个人生活与生意区分开来，他绝不希望人们认为他利用关系来推销。也就是说，在离开办公室后，托马斯不会把个人的娱乐与生意搅在一起。

托马斯这样做并不是说所有的高尔夫球友都不是他的客户，只是说他从不积极地怂恿他们同他做生意。但从另一个角度来讲，当他们真心要谈生意时，托马斯也从不拒绝他们。

吉米是一家建筑公司的经理，该公司很大，而且能独自提供用于汽车和家具的弹簧。

托马斯与吉米在俱乐部玩高尔夫球双人赛，他们在一轮轮比赛中玩得很高兴。后来，过了一段时间，他们就经常在一块玩了。他们俩球技不相上下，年龄相仿，兴趣相投，尤其在运动方面。随着时间的推移，他们的友谊逐渐加深。

很显然，吉米是位再好不过的潜在顾客。既然吉米是位成功的商人，那么跟他谈论生意也就没有什么不正常。然而，托马斯从未向吉米建议做他的证券经纪人，因为那样就违背了托马斯的原则。

托马斯和吉米有时讨论一些有关某个公司某个行业的问题，有时，吉米还想知道托马斯对证券市场的总体观点。虽然从不回避回答这些问题，但托马斯也从未表示非要为他开个户头不可。

吉米总是时不时地要托马斯给他一份报告，或者他会问："你能帮我看看佩思尼·韦伯的分析吗？"托马斯总是很乐意地照办。

一天，在晴朗的蓝天下，吉米把手放在托马斯肩膀上说："托马斯，你帮了我不少忙，我也知道你在你那行干得很出色，但你从未提出让我成为你的客户。"

"是的，吉米，我从未想过。"

"那么，托马斯，现在告诉你我要做什么，"他温和地说，"我要在你那儿开个账户。"托马斯笑着让他继续说下去。

"托马斯，就我所知，你有良好的信誉。就以你从未劝我做你的客户这点来看，你很值得我敬佩。实际上我也基本遵守这一点，我同样不愿意与朋友在生意上有往来。现在既然我这样说了，我希望你能做我的证券经纪人，好吗？"

接下来的星期一上午，吉米在办公室给托马斯来电话开了个账户。随后，吉米成了托马斯最大的客户，他还介绍了几个家庭成员和生意往来的人，让他们也成了托马斯的客户。

作为一个优秀的推销员，应该了解何时该"温和地推销"，何时该默默地走开。富裕的人总是对他人保持提防的态度，对于这些极有潜力的未来客户，推销员应该尽力接近他们，而不是让他们从一开始就抱有戒心，相互信任是关系营销的最高境界。

就像这个案例中的推销员托马斯，喜欢打高尔夫球，也因此结识了很多有实力的客户，但他并没有利用这个机会去推销，而是把个人娱乐和生意分开，与球伴建立了很好的关系。这是建立信任、赢得客户好感的一种典型策略，它也常常能取得非常好的效果。托马斯赢得了与他一起打球的某公司的总经理吉米的敬佩，对方主动要求与他做生意。

这桩看似轻而易举的生意，其实是与客户长期接触，赢得客户的信任与尊重而获得的。这其中，与潜在客户长期接触时的言谈尤其重要，不能流露出功利心，这也是托马斯取得成功的关键。

可见，强硬推销的结果必是遭到拒绝，而经过一段时间发展得来的关系会更长久。作为推销员，不妨借鉴一下托马斯的做法，先取得潜在客户的信任，生意自然水到渠成。

用精确的数字让客户认为你很权威

一些时候，销售员对客户说了一大堆产品的好处，但客户还是无动于衷。这种时候，很可能是客户对你的介绍有所怀疑。最好的办法就是拿出一些精确的数据来说服对方。

在销售过程当中应用"数字化"的技巧，是非常重要的一个方法，因为你将产品利益数字化，或是特别强调数字（利益），则将会使你对产品的说明更清楚、明确且更具吸引力。

你可以这样说："……陈先生，您算一算，我们第一、第二年的贷款利率足足低了3%和2.15%，以您现在还有320万的余额计算，第一年就可以帮您省下96000元，第二年又省了68800元，两年就已经帮您省了164800元……

"……我很骄傲地要跟陈先生分享一个事实，我们净水机的价格是很经济合理的，您试算一下，一般的品牌每半年就要换两支滤心，每次收费3000元，5年就要3万元；我们5年才需要12500元。所以，我们机器的价格虽然贵了6000元，但是，这样算一算，您还是省了11500元，不是吗？"

数字化介绍你的产品，会给客户一种更加直观的利益感，这比泛泛地强调产品的好处要更生动、更形象。这种方法尤其适用于保险行业的电话行销，告诉客户一组组的数字，让他们自己比较，远比你口若悬河的说道强。

有两位销售员都给王先生介绍同一种产品——热水器。一天上午，小李花费了半个多小时的时间给王先生介绍自家产品是如何好，结果王先生最后也没给他答复。同样，几天后，另一名推销人员小刘在例行的一些问候过后，就告诉王先生她家的热水器一小时内可以省0.5度电，而且热能利用率比同类产品高出20%，价格上也便宜了95元钱。结果是，几天后小刘得到了王先生的订单。

试比较下面的两种说法：

不应用"数字化技巧"："……满期的时候，您可以领回一笔可观的满期金。"

应用"数字化技巧"："……满期的时候，您可以领回一笔300万元的满期金。"

如果一位做保险的销售员，在应用"数字化技巧"时，说出一组数据，再加上必要的电话行销技巧，是不是会比第一种不应用"数字化技巧"的说法，效果要好很多呢？

再漂亮的语言也比不上精确的数字生动，它更能打动客户的心。数字，尤其是精确的数字用来说服客户往往会收到惊人的效果，它可以说是最有效的武器。如果我们能牢牢地记住那些平常记不住的详细数字和长长的专用名称，做到脱口而出，从而能够给对方留下做过详细调查和有备而来的印象，令对方感到你是内行后再说服对方就容易得多了。

过去，日本前首相田中角荣就常用这一手。他有着超群的记忆力，从来不用"大约不到100万"之类的表达方法。比如说，他可以毫不迟疑地一口说定"978636"。对方听后对他十分佩服，同时也认为他值得信任。

准确记住过去事件的发生日期，也有助于增强说服力。举个例子，一位优秀的记者对采访的对象不会讲出"今年3月左右，你曾经在北京见过××"之类的话，而是详细地指出"2006年3月12日下午3点到晚上7点，你在西城区×路×店见过××。"听起来仿佛当时他就在现场。如果用模糊的语言进攻，对方就会有逃脱的余地，而说得精确无误则会使对方大有陷入重围的感觉。

我们常被导入一个误区：认为口若悬河就能说服客户。

说服对方时与其滔滔不绝地说理，不如把它量化为可以计数的理论根据，用数据语言说服，这种谋略被称为"数据王牌"。

数据王牌独具魅力，是因为确认的数据代表着无可辩驳的事实，事实胜于雄辩，它反映了"物质"的内涵。这种魅力一旦形成，便会产生威信效应，使人们对它坚信不疑，乃至盲目趋同。这便是数据王牌的价值所在。

巧用小数点会使人深信不疑。一般做广告，常常采用最美好的语言，以此来提高商品身价，但是有一个广告却别出心裁，从头到尾只有一句话："本香皂纯度为99.44%。"广告一出，这个香皂的销路大增，制皂商大大地赚了一笔钱。这个短小精悍的广告之所以成功，就是它妙用了数据，虽然消费者一般不会去计较小数点以后的数字，但这个数据尤其是小数点以后的数字，都含蓄地表示产品经过严密的科学验证，反映了香皂上乘的质量，因而会产生令人信赖的印象。相比之下，有的广告中采用什么"誉满全球""国优、部优、省优"，不但显得苍白无力，而且会使消费者产生逆反心理。我们且不问这条广告是否故弄玄虚，但是它采用了小数点，而且还精确到小数点后两位，因而这条广告赢得了消费者的信赖，获得了成功。

和客户沟通时如果我们能运用精确的数据，那么成交的概率就会大大增加。

比如我们和客户谈商品的使用寿命时，用"×年"，就不如"××时"来得有说服力。

中国人做事向来爱说"差不多"，很多事情就坏在这"差不多"上。为什么我们不能精益求精呢？做事严谨、细致一点，客户的眼睛是不会错过小细节的。

打社会认同牌，权威效应让客户对你信赖有加

假如有一天，一个人站在大街上，仰着头一动不动地盯着天空的某一角看，可能路人会好奇，但或许不会有人停下来一起看是怎么回事，包括你；但假如又有一天，你看到街上站着七八个人一起仰着头一动不动地盯着天空的一角看，这个效果马上会产生滚雪球的效应，路人会纷纷停下来，围上来看看发生了什么事，也包括你。这是为什么呢？

一、利用周围人的影响对你的客户施加影响

以上即为社会认同原则。掌握社会认同，利用周围人的行为

对你要面对的对象或你的客户施加影响。

由上面的例子可以看出，"围观"或"扎堆"的社会现象，并不是好奇心驱动的，而是经过了人们的一个简单思考的过程：观看别人的行为，来判断自己是否也应该做出这样的行为。也就是说，人们的行为总是会在不知不觉中被别人的行为所影响。

日本企业家多川博的公司是世界闻名的"尿布大王"。在创业之初，这个公司是日用橡胶制品的综合性生产销售企业，但由于其经营毫无特色，一度面临倒闭。多川博在一个偶然的机会中发现了婴儿尿布的巨大商机，于是，他采用新科技、新材料进行了尿布的研发，产品质量优越。公司花了大量的精力进行了产品宣传，希望引起市场的轰动，但是在试卖之初，生意十分冷清，几乎无人问津，企业到了无法继续经营的地步。

多川博万分焦急中想到了一个好办法。他让自己的员工假扮成客户，排成长队来购买自己的尿布。一时间，公司店面由门可罗雀变得门庭若市，几排长长的队伍营造了一种尿布旺销的热闹氛围，这引起了行人的好奇："什么商品这么畅销？"于是很多"从众型"的买主被吸引。随着产品不断销售，人们逐步认识了这种尿布产品的优越性，名声逐渐传开，进而打开了尿布的销路，甚至远销世界各国。

多川博公司的尿布畅销就是利用客户的从众心理打开市场的，值得强调的是，利用从众心理效应只是一个吸引客户的手段，销售的前提还是产品的质量。

在柜台促销中这种情况同样很多，有一个人买，围观的人就会跟着买，如果没人买，大家也就都不买。从众心理在不知不觉中由他人的行为影响着每一个人的行动。

二、巧妙应用权威引导力

曾经有心理学家做过这样一个实验，他让被试者看两幅画作，并告诉他们，第一幅作品是名家手笔，另一幅画则是无名小辈的作品，他要求被试者仔细观看、鉴别。看过之后，心理学家让被试者发表意见，看哪幅画更好，结果百分之九十多的被试者认为前一幅画画得好，很有韵味和内涵，而第二幅画没有什么吸引人的地方。但真实的情况却是：第二幅画是名家作品，而第一幅画只是心理学家自己胡乱涂鸦的。

这就是权威效应，又称为权威暗示效应，指的是如果一个人的地位高、有威信，那他所说的话及所做的事就很容易引起他人的重视，并让他们不会对其正确性有任何怀疑，即"人微言轻，人贵言重"。

杰克是一位经验丰富的推销员，每次成交后，他都让顾客为自己签名，特别是一些比较有身份、地位的顾客。当他去拜访下一位顾客时，总是随身带着这些顾客名单，那些名字都是顾客的亲笔签名。见到下一个顾客后，他先把名单放在桌上。

"我们很为我们的顾客骄傲，您是知道的。"他说，"您知道高级法院的理查德法官吗？"

"哦，知道！"

聆听客户的抱怨，会有新的发现

俗话说："伸手不打笑脸人。"我们不难联想到自己工作、生活中的一些场景，比如当领导发火时，赶紧主动道歉，将责任全部揽到自己身上；比如爽约了，见面马上道歉，并想办法让对方开心，你笑脸待人，对方还忍心对你"开枪"吗？

微笑和真诚是影响客户情绪的重要因素，可以化客户的怒气为平和，化客户的拒绝为认同。

在销售过程中，客户的情绪往往是变化无常的，如果销售人员不注意，则很可能会由于一个很小的动作或一句微不足道的语言，使客户放弃购买，导致之前所做的一切努力都付诸东流。尤其是面对客户对于产品的价格、质量、性能等各个方面的抱怨，如果销售员不能够正确妥善地处理，将会给自己的工作带来极大的负面影响，不仅仅影响业绩，更可能会影响公司的品牌。

所以，学会积极回应客户的抱怨，温和、礼貌、微笑并真诚地对客户做出解释，消除客户的不满情绪，让他们从不满到满意，相信销售员收获的不仅仅是这一次的成交，而是客户长久的合作。

客户的抱怨一般来自以下两个方面：

第一，对销售人员的服务态度不满意。比如有些销售员在介绍产品的时候并不顾及客户的感受和需求，而是像为了完成任务而一味说产品多好；或者是在客户提出问题后销售人员不能给出让客户满意的回答；或是在销售过程中销售员不能做到一视同仁，有看不起客户的现象等。

第二，对产品的质量和性能不满意。这很可能是客户受到广告宣传的影响，对产品的期望值过高引起的，当见到实际产品，发现与广告中存在差距，就会产生不满。还有一些产品的售后服务或价格虚高都会成为客户抱怨的诱因。

销售人员面对这种抱怨或不满，要从自己的心态上解决问题，认识到问题的本质。也就是说，应将客户的抱怨当成不断完善自身从而做到最好的机会和指导。客户为什么会对我们抱怨？这是每一个销售人员应该认真思考的问题。其实，客户的抱怨在很大程度上是来自于期望，对品牌、产品和服务都抱有期望，当发现与期望中的情形不同时，就会促使抱怨情绪的爆发。不管面对客户怎样的抱怨，销售人员都要做到保持微笑，认同客户，真诚地提出解决方案，这样，不但不影响业绩，相反会使业绩更上一层楼。

情绪管理是每一个人都应该必修的课程，对于从事销售的人尤其如此。面对客户的抱怨，销售人员首先需要做的就是控制情绪，避免感情用事，即使客户的抱怨是鸡蛋里挑骨头，甚至无理取闹，销售人员都要控制好自己的情绪，回客户以真诚的笑容，

推销员："那当然。我想再问你一个问题，你所谓的价钱不高是多少？你认为主顾愿意花多少钱买一张沙发？"

琳达："我可能没把话说清楚。我不打算进便宜货，不过我也不会采购一堆路易十四世的鸳鸯椅。我认为顾客只要确定东西能够长期使用，他们能接受的价位应该在450元到600元。"

推销员："太好了，琳达，康福一定帮得上忙，我花几分钟跟你谈两件事：第一，我们的家具有高雅系列，不论外形与品质，一定能符合你客户的需要，至于你提到的价钱，也绝对没问题；第二，我倒想多谈谈我们的永久防污处理，此方法能让沙发不沾尘垢，你看如何？"

琳达："没问题。"

这位推销员在与客户琳达交谈的过程中，通过针对性地提问了解到客户的需求，并清楚、准确地向顾客介绍了自己的产品，让顾客确切地了解自己推销的产品如何满足他们的各种需要。因此，推销员详细地向顾客提问，尽可能找出自己需要的、产品完全符合顾客的各种信息，这是必不可少的。

与客户洽谈的过程中，通过恰到好处的提问与答话，有利于推动洽谈的进展，促使推销成功。那么，在推销实践中都有哪些提问技巧呢？

一、单刀直入法提问

这种方法要求推销人员直接针对顾客的主要购买动机，开门见山地向其推销，请看下面的场景：

门铃响了，当主人把门打开时，一个穿着体面的人站在门口问道："家里有高级的食品搅拌器吗？"男人怔住了，转过脸来看他的夫人，夫人有点窘迫但又好奇地答道："我们家有一个食品搅拌器，不过不是'高级的'。"推销人员回答说："我这里有一个高级的。"说着，他从提包里掏出一个高级食品搅拌器。接着，不言而喻，这对夫妇接受了他的推销。

假如这个推销人员改一下说话方式，一开口就说："我是 × 公司推销人员，我来是想问一下你们是否愿意购买一个新型食品搅拌器。"这种说话的效果一定不如前面那种好。

二、诱发好奇心法提问

诱发好奇心的方法是在见面之初直接向潜在的买主说明情况或提出问题，故意讲一些能够激发他们好奇心的话，将他们的思想引到你可能为他提供的好处上。

一个推销人员对一个多次拒绝见他的顾客递上一张纸条，上面写道："请您给我 10 分钟好吗？我想为一个生意上的问题征求您的意见。"纸条诱发了采购经理的好奇心——他要向我请教什么问题呢？同时也满足了他的虚荣心——他向我请教！这样，结果很明显，推销人员应邀进入办公室。

三、"刺猬反应"提问

在各种促进买卖成交的提问中，"刺猬反应"技巧是很有效的。所谓"刺猬反应"，其特点就是你用一个问题来回答顾客提出的问题，用自己的问题来控制你和顾客的洽谈，把谈话引向销

提问的范围，只问客户感兴趣、最关心的问题是销售程序开始阶段建立信用的一种有效手段。一旦你被客户认定为是值得信任的，你就获得了扩大提问范围以发现客户需求的机会。

三、逐步提升提问重点来发掘客户需求

销售员必须发现客户需求才能销售成功，因此提问就显得十分重要。虽然我们希望成功发现顾客需求，但又不能让客户感到被信息"塞得太满"而产生逆反情绪。这就要求我们在提问时有一个循序渐进的过程，逐步提升提问的"重点"，从而发现客户的需求，提高销售会谈的价值。在这个过程中，我们可以按照这个程序来探明客户的需求：是否存在销售机会→客户可能面临的困难→这些困难意味着什么→是否存在潜在的有价值的解决方案。

四、用倾向性的提问获得更多更准确的反馈信息

在销售的早期阶段，潜在客户对于回答问题持有谨慎态度，这大多是因为销售员此时还没有获得他的信任。但是到了后期，客户可能会仍然对回答问题保持谨慎，这时候是因为他们不愿意谈及某些可能危及自身，或伤害与你建立的业务关系。无论是哪种情况，对于销售员来说知道事情的进展程度总是有价值的。因为很多问题都是有倾向性的，许多影响销售结果的因素总是处在不停的变化之中，销售机会也总处于游移不定的状态。有时销售会往好的方面进行，有时却会向坏的方向发展。所以销售员在提问时一定要有一个导向性，准确了解自己到底处在销售过程的哪

个阶段，还需要怎么做才能完成交易。

五、推进销售的程序

销售员要懂得维系与客户的关系，因为极少的策略性销售会在初次拜访中圆满完成，有兴趣立刻做出购买决策的客户太少了。但更可能的情况是，客户对产品非常有兴趣，想了解更多的信息。这时候就需要我们的销售员通过一定的程序来强化客户的合作欲望，这个过程包括以下几个程序：

1. 引发兴趣。在提问销售法销售过程开始的时候，所有事情都要围绕着引发和巩固客户兴趣来进行。可通过进行销售拜访、贸易秀、讨论座谈会、大量邮寄和特殊演示等方式使客户尽可能地了解更多有价值和能激发他们兴趣的信息。

2. 销售演示。是否进行销售演示取决于产品本身。在绝大多数销售中，销售演示通常需要伴随着一些活动和情境，这样既可以影响听众，也可以做到信息差异化。

3. 达成交易。这是购买者和销售员在一起讨论购买时间、条款和达成交易的阶段。我们所要做的就是让客户得出结论：你的产品和服务都是物有所值的。

顾客：价格太高了。

销售员：所以呢？

顾客：所以我们得说服公司，要先得到某些人的支持……

很多你觉得难以回答的问题，可以试着换过来问问顾客："你觉得解决这个问题最好的处理方式是什么？"让顾客自己解决自己提出的问题，这会比你通过揣测其心思而做出的解答更为中其下怀。

在与客户的交流中，提问是很高明的一计。但要设计出成功的提问，还要注意以下几个方面：

1.记住用提问为自己争取控制权。只要不犯错误，提问会使你处于强势，建立你在销售说服中的主动权与控制权。无论提问使你感到多么拘谨，但要想推动你所进行的销售交流，不要忘记适时让"提问"来帮忙。

2.通过提问来回答问题。顾客常常会提出一些难以回答的问题，通过反问我们常常可以巧妙地化险为夷，把问题还给客户，同时获取更多的有利信息。例如，当客户问"你的产品有什么其他产品不具备的优势吗"，你不用直接解释产品的特征和长处，而可以问他："你对我们的产品很熟悉吗？"通过这个问题，你能了解他仅仅是想了解更多信息，还是在挑战你的方案，这将指引你做出相应的回答。

3.提问后适当保持沉默。如果你希望对方很快地回答问题，在你主动提问后，最好立刻住口。有心理学家分析，交谈中的短暂沉默会创造一种自然真空，这种真空会自动把责任放在回答问题的人身上。或许大多数的销售员对于交谈中的沉默觉得非常不舒服，而习惯于主动打破沉默。但你必须要克制这种情绪，记住如果你不打破沉默的话，你的客户将提供给你有价值的信息。

把话说到点子上，刺激客户的购买欲

销售人员："先生，中学是最需要开发智力的时候，而我们公司开发的游戏软盘对您孩子的智力提高一定有很大的帮助。"

客户："我们不需要什么游戏软盘。孩子都上中学了，哪敢让他玩游戏呢？"

销售人员："这个游戏卡是专门针对中学生设计的益智游戏，它把游戏与数学、英语结合在一块，绝不是一般的游戏软盘。"

客户："游戏与学习结合在一起？"

销售人员："对，现在是知识爆炸的时代，不再像我们以前那样只是从书本上学知识了。您不要以为玩游戏会影响学习，以为这个游戏软盘是害孩子的，游戏软盘设计得好也可以成为孩子学习的重要工具。"

客户："想法倒不错。"

让爱占便宜型客户真真切切地感受到实惠

爱占便宜型客户追求的是一种心理满足，无可厚非，且每个人都或多或少具有这种倾向，唯一的区别就是占便宜心理的程度深浅。我们所说的爱占便宜的人，通常是指占便宜心理比较严重的那部分人。

销售过程中，这类客户不在少数，他们最大的购买动机就是是否占到了便宜。所以，面对这类客户，销售员就是利用这种占便宜的心理，通过一些方式让客户感觉自己占到了很大的便宜，从而心甘情愿地掏钱购买。

在英国有一家服装店，店主是两兄弟。在店里，一件珍贵的貂皮大衣已经挂了很久，因为高昂的价格，顾客在看到价格后往往望而却步，所以，这件衣服一直卖不出去。两兄弟非常苦恼。后来，他们想到了一个办法，两个人配合，一问一答确认大衣的价格，但弟弟假装耳朵不好使将价格听错，用低于卖价很多的价格出售给顾客，遇到爱占便宜的人，大衣一定能卖出去。两个人商量好以后，第二天清早就开始张罗生意了。

弟弟在前面店铺打点，哥哥在后面的操作间整理账目。一天上午进来了两个人，这个方法并没有奏效。到下午的时候，店里来了一个妇人，在店里转了一圈后，她看到了那件卖不出去的貂皮大衣，于是问道："这件衣服多少钱？"作为伙计的弟弟再次假装没有听见，依然忙自己的。于是妇人加大嗓门又问了一遍，他才反应过来。

他抱歉地说："对不起，我是新来的，耳朵不太好使，这件衣服的价格我也不太清楚。您稍等，我问一下老板。"

说完他冲着后面大声问道："老板，那件大衣多少钱？"

老板回答："5000英镑！"

"多少钱？"伙计又问了一遍。

"5000英镑！"

声音如此大，妇人听得很真切，她心里觉得价格太贵，不准备买了。而这时，店员憨厚地对妇人说："老板说3000英镑。"

妇人一听，顿时非常欣喜，肯定是店员听错了，想到自己可以省下足足2000英镑，还能买到这么好的一件貂皮大衣，于是心花怒放，害怕老板出来就不卖给她了，于是匆匆付钱买下就离开了。

就这样，一件很久都卖不出去的大衣，按照原价卖了出去。

以上的案例中，两兄弟就是利用了妇人爱占便宜的心理特点，成功地将大衣以原价销售了出去。对于爱占便宜型的顾客，可以善加利用其占便宜心理，使用价格的悬殊对比或者数量对比进行销售。占便宜型的客户心理其实非常简单，只要他认为自己占到了便宜，他就会选择成交。

A套，在带客户去看房子的同时，他边走边向客户解释说："房子您可以先看看，但是A套房子在前两天已经有位先生看过并预订了，所以如果您要选择的话，可能就剩下B套了。"

这样说过之后，在这位客户的心里会产生这样一种想法，那就是："既然已经有人预订A套房子，就说明A、B两套房子相比，A套比较好一些。"有了这样的心理，在看过房子以后，客户更加觉得A套房子好。但是既然已经有人预订了，只能怪自己来得太晚了，于是客户带着几分遗憾离开了。

过了两天，推销员小邵主动打电话给前两天来看房子的客户，并兴高采烈地告诉他一个好消息："您现在可以买到A套房子了，您真是很幸运，因为之前预订A套房子的客户因为资金问题取消了预订，而当时我发现您对这套房子也比较喜欢，于是就先给您留下了，您看您还需要购买吗？"

客户听到这样的消息，十分高兴，有一种失而复得的感觉。既然机会来了，一定要把握住，于是他迅速地与推销员小邵签了这份单子。

销售人员应紧紧抓住逆反心理强烈的客户这一鲜明的心理特征，根据实际情况对自己的销售策略及沟通方式做一些调整，利用客户的逆反心理达到销售的目的。在具体的销售过程中，客户逆反心理一般有以下几种表现形式：

1. 反驳。这是在客户身上最常见的逆反心理表现。客户往往会故意地针对销售员的说辞提出反对意见，让销售员知难而退。

2.不发表意见。这种逆反更难以应付，因为在销售员苦口婆心的介绍和说服的过程中，客户始终保持缄默，态度也很冷淡，不发表任何意见，销售人员也就无从反驳或引导客户。

3.高人一等的作风。不管销售员说什么，客户都会以一句"我知道"来应对，意思是说，我什么都知道，你不用再介绍了。这样的客户往往会给销售员带来一种很大的压力。

4.断然拒绝。在销售员向客户推荐时，有的客户会坚决地说："这件商品不适合我，我不喜欢，让我自己先看看。"

优秀的销售员会第一时间察觉客户的逆反心理，从而不着痕迹地结束自己滔滔不绝的介绍，改变销售策略，从照顾客户的感受开始，让客户的心理得到放松，从而增加销售成功的概率。

先让客户体验，然后再谈销售

销售是服务的孪生姐妹，它们相辅相成。有好的服务，必有好的销售业绩。如果服务仅仅为了促进销售而做，那么一定不会有很好的效果。

经济学上将买卖分为一次性博弈和重复性博弈两种。如果将销售当作是一次性博弈，销售员很可能就将服务当作为销售而做的功利性服务。

真诚的服务不是为了销售而服务，而是设身处地站在客户的角度，将买卖当作是重复性博弈，建立长期的好感与互信，将销售融入服务当中而使销售变得无痕无迹。作为推销员，要想获得很好的销售业绩，就要像安娜学习，让优质的服务起到"四两拨千斤"的作用。

照顾好虚荣型客户的面子，他们自然会痛快地打开钱包

你有没有发现，人们总是喜欢与有名气的亲戚和朋友套近乎；办什么事都喜欢讲排场、摆阔气，即使身上没钱，也要打肿脸充胖子；热衷于时尚服装饰物，对时尚的流行产品比较敏感；不懂装懂，害怕别人说自己无知；当受到别人的表扬和夸赞时，沾沾自喜，扬扬得意，自我感觉良好……在现实生活中，这样的人和事为什么如此常见？

虚荣之心，人皆有之，唯一的不同便是程度的高低。

每个人都有虚荣心，爱慕虚荣是一种非常普遍的心理现象。从心理学的角度分析，人们爱面子、好虚荣其实都是一种深层心理需求的外在表现。因为在社会生活中，人们不仅要满足基本的生存需求，更要满足各种心理上的需求。尤其是随着社会的发展，物质生活得到很大的满足以后，人们更需要的是精神上的满

足，比如得到别人的尊重和认可、关心和爱护，得到赞美，在交往中体现自身的价值等。虚荣心就是为了得到这些心理满足而产生的。

我们所说的虚荣的人往往是虚荣心比较强的那一部分人。在消费中，虚荣型客户的虚荣心理也会表现得非常明显。虽然家庭经济条件不是很宽裕，但是在购买商品时也要选择比较高档的，在销售员面前要尽量表现得很富有，不许别人说自己没钱、买不起。如果别人对其表示出轻视的态度，其自尊心就会受到很大伤害等，这样的现象很多。面对虚荣型的客户，销售员要经常给予夸奖，如果你夸他们有钱或阔气，他们就更愿意花大把的"银子"在你身上。

小肖是一家时装店的店员。这天，一位打扮雍容华贵的女士走进店里，在店里转了两圈后，在高档套装区停了下来。小肖连忙走过来招呼她，礼貌地介绍："小姐，这套服装既时尚又高雅，如果穿在您这样有气质的女士身上，会让您更加高贵优雅。"女士点点头，表示同意。小肖见她很高兴，对这套衣服也比较满意，便又说道："这套衣服质量非常好，相对来说，价格也比较便宜，其他的服装要贵一些，但是又不见得适合您，您觉得怎么样，可以定下来的话我马上给您包起来？"

小肖心想：质量很好，价格又便宜，她肯定会马上购买。但是该女士的反应却出乎预料，听完小肖的话之后，那位女士立刻变了脸色，把衣服丢给小肖就要走，实在忍不住又回头对小肖

之间可以画等号。如果销售员与分析型客户约定面谈，一定要清楚他们要求的时间是很精确的，在他们的脑海中从来不会有模糊的时间概念，他们从不说"午饭之前"这样的模糊概念，而是说"10点30分到"。所以，对于产品的数量和价格，分析型客户的要求也往往比较精确，他们不接受模棱两可的概念。

如何获得分析型客户的订单？面对这类客户，销售员要学会分析，通过仔细观察和深入分析，把握住客户的心理，从而采取适当的对策来俘获客户的心。

分析型客户非常注重细节，他们比较理智，更相信自己的判断，不会因为一时兴起就决定买或不买，往往是进行翔实的资料分析和论证之后，他们才会做出决定。因此，在选购商品时，分析型的客户总会慢条斯理，表现得十分谨慎和理智。

销售员有时候会被分析型客户的挑剔弄得不知所措，因此，在与分析型客户交往的过程中，一定要严谨，讲究条理性。如果销售员过于大意，粗枝大叶、含含糊糊、条理不清、言语不准，就无法赢得客户的信任，甚至还会引起客户的厌烦。

一般情况下，与分析型客户交谈时销售员要认真倾听，说话注意逻辑，语速适中，吐字清晰，显示出比较严谨的销售风格。对客户要做详细的产品说明，越详细越好。与外向型客户的害怕"唠叨"不同，分析型客户喜欢听销售员的"唠叨"，他们会从销售员介绍的细节中来获取有效的信息，以做分析判断。

在细节上做到无可挑剔，对于分析型客户非常有效，因为他们认为细节反映品质。

　　与分析型客户的接触的时候，一定要留给他一个好的印象，说话不夸张、不撒谎，也不能强迫客户购买，因为这样的客户往往很有主见，并且追求完美，有着自己的行为信条，不愿意受人左右。仔细询问客户的需求，并想办法尽量满足客户的需求，运用细节的力量超出客户的期望。总之，分析型的客户考虑比较周全，那么销售员就应该做到更加周全，只要能在细节上让客户心服口服，交易自然就会成功。

第六章

一句动听话，胜过万句平淡的陈述

表达关切，增进彼此好感

商务交往的成败关键在攻心上。成功的商务交往应该确保客户在心理、情感上接受我们。当一个人对他人产生好感时，会变得十分友好，那种排斥的心理也就荡然无存了。在最初接触的时候，应该力求使一切都简单化。这包括下面一些技巧：

一、说中对方的心思

在简单的关心、赞美之后，要寻求更进一步的认同感，就必须深入洞察对方的内心状态，并用有效的方式引导对方的情感。

人在许多情况下不能直接知道自己的态度、情感和其他内在状态，因此，要从外界获取信息达到自我认知的目的，所以很容易受到外部信息的暗示，从而导致自我知觉的偏差，而我们所说的"被说中"正是自我知觉偏差的表现。只要你能准确"说中"对方的心思，你也可以在瞬间获得对方的信任。

老李是一位运动自行车销售员。

老李："呵呵，这辆车是您的吗？"

山地车爱好者："是的！"

老李："呵呵，1999年款的捷安特ATX680，当时得2000多呢！"

客户："哦！您太厉害了，它可是我的第一辆山地自行车。"

老李凭借自己的专业知识准确地判断出对方车子的品牌、生产时间，以及与之有关的事情。作为一个从事商业活动的销售人员要时刻补充知识，有些时候知识可以弥补我们经验的不足。

老李："看得出来，你对它很有感情呢！都10多年了还不舍得换呢！"

客户："当然了，我很珍惜它，它是我和妻子爱情的见证……"

此时，对方还处于"惊讶"的状态，还需要继续"说中"才能获得对方的信任。老李因势利导，将老车与情感联系起来，十分成功地让对方从内心认同这句话。

老李："很动人，它的确值得收藏啊，看来你得给它打蜡，然后挂在墙上！"

客户："是的！我打算把它收藏起来。"

对方动情后，老李继续"煽情"，让对方在情感上不断地认同，而不是停留在口头或浅层次的意识上，这样更有利于获得更深的信任。

老李："嗯，即使是按照使用寿命来说，也是该让它休息的时候了。"

客户："的确是，我得再买一辆……"

老李在上一句话语中巧妙地暗示了对方，一是暗示对方这辆车弥足珍贵应该收藏，二是暗示对方应换一辆车。

对方听后就会产生相应的心理反应，认为的确该收藏了。

以上就是一个在销售中完整地运用读心术说中对方心思的全过程，是赢得他人认同的一个简单、快捷的途径。

二、关心对方的身体

若突然去拜访一位商业上的朋友，需要在接触前进行一番观察，包括对方的气色、神情、身体状况，并从中发现独特之处。

小王："嗨！先生，您的身体看起来非常棒啊！天天都在锻炼吗？"

对方："是的！"

小王发现对方的身材健美，因而判断对方经常进行运动，便以此为话题问候对方。

问候前的观察是很重要的，面对一个富态的人，我们如果说"您的身材很棒啊"，是不能够激起对方的兴趣和注意的。

还有，如果我们发现对方神情黯然，要注意对方的性别，如果是女士，我们可以大胆地表达我们的关切，因为女性的潜在心理是渴望得到别人关心的。

三、问候对方的下属

关心对方周围的人有时比关心对方本人效果更好，如关心对方的家人更能让对方感动，关心对方的下属更能激起对方的自豪感。

比如，去拜访一位管理者，拜访之前应先依据自身条件对拜访对象进行调查，通常公司的信息是比较容易获得的。

小赵："我发现贵公司的员工精神面貌非常好，个个都非常精神，相信这与公司文化密不可分啊！"

经理："哈哈！你太会说了，不过的确像你说的那样！我非常注重公司的文化，只有重视和关心员工，公司发展才会长远啊！"

小赵表达了自己的看法，当然都是针对对方员工而言的，小赵的关心之言是暗示对方管理得当。在这种情况下，对方的内心会非常自豪、得意，说话时会显得非常谦虚但又不否认自己管理有方。同时，这位管理者对小赵的好感也随之增加。此时，如果小赵再不失时机地发表一番赞赏经理的话，效果就更加显著了。

四、寻找对方的兴趣，开启话题

几乎每个人都会对自己感兴趣的事物优先注意，并表现出积极、强烈的探索或实践心理，而且印象深刻。因此，兴趣是一种无形而又强大的动力，我们把它用在商务交流中，也能够起到开启话题、轻易打开对方心扉的作用，从而建立良好的信任感。找准对方的兴趣点是第一要求。正式交流前应该调查对方的兴趣，可以是事前准备，也可以是现场观察。

小李："不知您喜欢什么运动，攀岩、自行车？"

王经理："不，我喜欢的是自驾车旅行！"

小李："是啊，它能够让人充分地享受自由，不像在竞争激烈的商业活动中。"

小李乘势说出自驾游的好处，对方对此深有体会，小李因此博得了对方的好感。

多叫几次对方名字可增进亲近感

在日常应酬中，如果一个并不熟悉的人能叫出自己的姓名，往往会使人产生一种亲切感和知己感；相反，如果见了几次面，对方还是叫不出你的名字，便会产生一种疏远感、陌生感，增加双方的心理隔阂。一位心理学家曾说："在人们的心目中，唯有自己的姓名是最美好、最动听的东西。"许多事实也已经证实，在公关活动中，广记人名，有助于公关活动的展开，并助其成功。

美国前总统罗斯福在一次宴会上，看见席间坐着许多不认识的人，他找到一个熟悉的记者，从记者那里一一打听清楚了那些人的姓名和基本情况，然后主动和他们接近，叫出他们的名字。当那些人知道这位平易近人、了解自己的人竟是著名政治家罗斯福时，大为感动。以后，这些人都成了罗斯福竞选总统的支持者。

记住对方的名字，最好时而高呼出声，这不仅是一种起码的礼貌，更是交际场上值得推行的一个妙招。想一想，对于轻易记住自己名字的人，我们怎不顿觉亲切呢？这时，他来求我们什么事情，我们怎好不竭尽全力予以优先照顾呢？

在交往中，你一张口就高呼出对方的名字，会让对方为之一振，对你顿生景仰之意。就算原本不利的情势，也往往会因为你的这一高呼而顿时"化险为夷"。

一位著名作家说："记住别人的名字，而且很轻易地叫出来，等于给别人一个巧妙而有效的赞美。因为我很早就发现，人们把自己的姓名看得惊人的重要。"

现实中，人们对自己的名字是如此重视。不少人不惜任何代价让自己的名字永垂不朽。且看两百年前，一些有钱人把钱送给作家们，请他们给自己著书立传，使自己的名字留传后世。现在，我们看到的所有教堂都装上彩色玻璃，变得美轮美奂，以纪念捐赠者的名字。不言而喻，一个人对他自己的名字比对世界上所有的名字加起来还要感兴趣。

钢铁大王卡内基从小就认识到了这一点。小时候，他家曾经养过一窝小兔子，但是没有东西喂它们，他就想出了一个绝妙的主意。他对周围的孩子们说："你们谁能给兔子弄点吃的来，我就以你们的名字给小兔子命名。"这个方法太灵验了，卡内基一直忘不了。当卡内基为了卧车生意和乔治·普尔门竞争的时候，他又想起了这段往事。

当时，卡内基的中央交通公司正跟普尔门的公司争夺联合太平洋铁路公司的卧车生意，双方互不相让，大杀其价，使得卧车生意毫无利润可言。后来，卡内基和普尔门都到纽约去拜访联合太平洋铁路公司的董事会。有一天晚上，他们在一家饭店碰头了。卡内基说："晚安，普尔门先生，我们别争了，再争下去岂不是出自己的洋相吗？"

"这话怎么讲？"普尔门问。

于是卡内基把自己早已考虑好的决定告诉他——把他们两家公司合并起来。他大谈合作的好处，普尔门注意地倾听着，但是没有完全接受。最后他问："这个新公司叫什么呢？"

卡内基毫不犹豫地说："当然叫普尔门皇宫卧车公司。"

普尔门的眼睛一亮，马上说："请到我的房间来，我们讨论一下。"

这次讨论翻开了工业史新的一页。

如果你不重视别人的名字，又有谁会重视你的名字呢？如果有一天你把人们的名字全忘掉了，那么，你也很快就会被人们遗忘。

记住别人的名字，对他人来说，这是所有语言中最重要的。

如果你想让人羡慕，请不要忘记这条准则：请记住别人的名字，名字对他来说，是全部词汇中最好的词。

熟记他人的名字吧，这会给你带来好运！

换位思考，使对方感受到被关切之情

很多推销员往往在推销的过程中只顾说他自己觉得很重要的事，他自己觉得客户所需要的事。嘴巴说得太多，但是倾听太少，完全不在乎客户的感受，就像连珠炮一样滔滔不绝，甚至企图想要改变客户的需要来达成交易。而他关心的重点中没有一个是客户关心的，所以虽然拜访了千百次却仍然找不到突破口。

设想一下，如果你就是一个在销售员"轰炸"下的客户，你会不会购买呢？

当然不会，因为推销员讲的都不能满足自己的需要，除非他所谈论的刚好是你所需要的，你才会购买。

如果你的方法、态度都没有办法令自己购买，你怎么可能让客户购买呢？所以在推销任何商品给你的客户之前先试着推销这种商品给你自己，自己去说服自己购买，如果你能够成功地推销商品给你自己，你就已经成功了一大半！这也就是销售中的置换推销，就是要站在客户的立场上做推销。

下面一个古代的小故事能帮助我们弄清什么是置换思考。

《列子·说符》中记载：有一天，杨布穿了件白色的衣服出去，路上遇雨，于是脱去白色的外套而露出黑色的里衣。等他回到家时，他家的狗对着他大叫，他非常生气，拿起棍子对着狗就要打。他的哥哥杨朱拦住了他，说："如果你家的白狗出去而回来时成了黑狗，你难道不觉得奇怪吗？"

上述故事说明了置换思考的含义就是把当事双方的角色进行置换，站在对方的立场看问题，从而透彻地理解对方，进而对对方做出正确的评估，并做出必要的反应。

所以，进行换位思考应遵循3个步骤：收集对方相关的背景信息；进行综合评估；做出针对性的必要反应。

在销售中，我们只要对角色进行正确定位，并实施针对性对策，就会大幅提高销售的成交率。

有一个在淘宝网上经营电话卡的商家，通过店主的用心经营，如今已经拥有4个皇冠的信用度，成功交易15万人次，拥有80%以上的回头客，好评率达99.99%，店主本人也被淘宝授予"Super卖家"的荣誉。

有人问他成功的秘诀是什么，在交流中他一直强调置换思考——总是把自己放在一个买家的位置上，想想希望卖家提供哪些服务。当客户的需要得到满足时，生意自然越做越好。比如，店主在销售中发现，现在电话卡多种多样，运营商也很多，买家分辨不清，经常会问有没有适合自己既便宜又好用的卡，于是，店主就写了一个帖子，利用自己的专业知识介绍哪些情况适合用哪种卡。买家看到这个帖子很开心，感到终于找到了自己想要的卡，这样，客户的回购率就高了。

一个优秀的推销员通常会事先收集客户的详细资料，掌握客户的一切信息后，再经过详细规划，然后与客户见面时会这样说："先生，如果我是你，你知道我会怎么做吗？"

自然地，客户就会问："你会怎么做？"这时推销员就可以说出从客户立场精确考虑的建议，并提出有利于他的方面，协助他做最终的决定。

曾有一位著名的推销售员讲了这样一个故事：

在杰西初入房地产推销界时，他根本不知道该从何处着手。后来，他看到公司里的一位金牌销售员在资料袋里保存了很多资料，这些资料都是与这位金牌销售员相关的东西，也是客户需要知道或希望知道的资料，其中包括停车场、商店、学校及建筑物相关细节。

在许多人看来，这位推销员的做法好像很不明智，带那么多的卡片似乎很不方便，但就是这些卡片帮助他拿到了年度销售总冠军的奖杯！杰西对他提供的丰富资料印象深刻，所以杰西决定把它们用在自己的实际工作中。这个方法最后成了杰西成功的主要因素，也是他为客户着想的起点。

他还提到，即使与客户没有谈成生意，他也会回家写资料卡，记录刚才见到客户的情形。当他再次做销售拜访的时候，就能侃侃而谈关于客户的一些事情，仿佛是多年的老友。杰西的这种"表演"常常能提高客户的谈话兴致，他们往往会惊讶于杰西对他们的了解。

这些卡片帮了杰西很大的忙，每次他都利用这些资料联系客户，成功率都很高，总的算来几乎超过 70%。

在杰西早期的推销工作中，有位先生曾经坚持要买两份同样的投资标的，一份在他名下，另一份给他太太。杰西遵从他的要求，但在当天晚上输入客户资料时，却发现两份分开投资计划合计的费用，比以同样金额投资一份计划的费用高出许多。

第二天一早，他立刻跟客户说明，如果这两份投资能合成一份的话，至少可以省下 15% 的费用。客户很感激他，并且接受了这个建议。很显然，客户不知道杰西的佣金因此而大减。多年以来，这位客户对杰西的好感依然没变，而杰西的佣金损失，早就通过客户所介绍的其他客户得到了更多的补偿。

置换推销的好处是不言而喻的，它能更深层次地让客户信任你，而你也能得到更多的潜在讯息。

四大妙计应对难以应付的客户

不是每一个人都会认同我们的行为或者想法，也不是每一个人都能够接受我们的商业行为，这一点在商业谈判和商业合作中是很常见的，尤其在商业销售工作中更加普遍。

出现类似的情况怎么办？要记住，人们习惯于以自我为中心，对那些符合自己的观点和行为方式的话语会获得心理上的满足，相反，对不符合自己观点和行为方式的话语则会产生心理上的排斥和反感。其实我们可以使用以下方法应对难以应付的客户：

一、向对方巧妙地请教问题

如果对方确实较为难以对付，又或者我们真的遇到棘手的分歧，不妨放弃争论，把自己聪明的一面隐藏起来，展示出我们因无知而愿意虚心求教的优秀品质。每个人都渴望获得他人的尊敬及崇拜，而不愿意放下自己的架子和尊严。尤其在商务活动中，如果对方是久经商战的老手，不妨降低自己的身份，虚心向对方请教，这会让对方因被重视获得心理上的满足感，进而改变对对方的态度。

二、学会倾听，将说话机会留给对方

如果我们不能让对方主动参与进来，并以建设性的态度进入商务交流中，我们就很难真正地将商务交流与合作进行下去。那么，如何让对方参与呢？最好避免对方与我们个人之间产生纠纷，努力让对方抱以就事论事的态度。

有一个办法，在心理学上叫冷却，即我们不主动，而让对方主动。为了做到这一点，我们可以假装一些不舒服的症状，如头疼、嗓子疼、身体不舒服等，把说话机会让给对方；若真的遇到小感冒，则可以更加得心应手地利用这一技巧，如"我今天不舒服，您来说说，很抱歉"，这样就提供了一个"让对方发挥"的机会。

三、欲擒故纵的技巧

欲擒故纵也是一种破解方法。欲擒故纵中的"擒"是目的，"纵"是方法。这一方法可以在商业领域中广泛应用，为了达到目的而不让对方反击，可以暂时放松，采取让对方心理松懈或好奇的策略，进而执行我们的计划。

四、真诚地说出自己的难处

每个人都喜欢选择倾诉来宣泄自己的情感，进而在倾诉中得到解脱，这是每个人都有的体验。在商业活动中，我们也可以将它作为一种策略加以使用，主要用于博得对方的同情。"倾诉"能够唤起每个人内心的情感体验，在我们向对方倾诉时，对方也会因类似体验不自觉地产生同情的心理。

我们在使用"倾诉"这一策略时有必要掌握以下技巧：

1. 叙述时要自然流畅，不要让对方看出破绽，眼睛不要盯着对方，头略低，这样更能表现一言难尽之状和羞愧之情。

2. 讲述时要声情并茂，叙述到动情处，脸上要表现出无奈、悲痛的表情。

3. 商业活动中倾诉并不是办事不利的理由，因此在叙述时不要有推脱责任的言语，相反要主动承担部分责任。

人人都要掌握赞美的艺术

喜欢被赞美以及赞美他人都是人的天性。只要在适当的时间、适当的场合辅以适当的赞美技巧，我们就可以轻松打动对方，赢得对方的认可。

赞美的创新很重要，如果我们在赞美他人之时能加上一些富有新意的话，让它与众不同一些，那么赞美之术就会更趋于完美，效果也更佳了。

美国华克公司承包了一项建筑工程，要在一个特定的日子前，在费城建一座庞大的办公大厦。开始时计划进行得很顺利，不料在接近竣工阶段，负责内部装饰铜器供应的承包商突然宣布：他无法如期交货了。真糟糕！这样一来，整个工程都耽误了，要付巨额罚金，公司将因此遭受重大损失。

于是，长途电话不断，双方争论不休。一次次交涉都没有结果，华克公司只好派高先生直接到纽约去与承包商会面。

高先生一走进那位承包商的办公室，就微笑着说："你知道吗？在布洛克林巴，有你这个姓氏的人只有一个。哈，我一下火车就查阅电话簿想找到你的地址，结果巧极了，这个姓的只有你一个人。"

"我一向不知道。"承包商兴致勃勃地查阅起电话簿来。"嗯，不错，这是一个很不平常的姓。"他很有些骄傲地说，"我的家族从荷兰移居到纽约，几乎有200年了。"

承包商继续谈论起他的家庭及祖先。当他说完之后，高先生就赞扬他居然拥有一家这么大的工厂，承包商说："这是我花了一生心血建立起来的一项事业，我为它感到骄傲，你愿不愿意到车间里去参观一下？"

这可是一个难得的机会，高先生欣然前往。在参观时，高先生一再称赞他的组织制度健全，机器设备新颖，这位承包商高兴极了。他说这里的一些机器还是他亲自发明的呢！高先生马上又问道：那些机器如何操作？工作效率如何？到了中午，承包商坚持要请高先生吃饭，他说："到处都需要铜器，但很少有人对这一行像你这样感兴趣的。"

至此，高先生一次也没有提到他此行的真正意图。

吃完饭后，心情愉悦的承包商对高先生说："现在，我们谈谈正经事吧。当然，我知道你此行的目的，但我没想到我们在一起是如此愉快。你现在可以带着我的保证回去，我保证你们的货如期运到。我虽然会因此遭受一笔损失，但我认了。"

之后，办公大厦如期竣工。

高先生不愧为高手，当他作为华克公司的最后一张牌亮出的时候，他清楚地知道此行任务的艰巨。他没有像一般的人那样去赞美那些普通的事情，也没有直接去赞扬他的对手，而是通过电话簿上一个小小的信息找到了进入谈话状态的渠道，其细致值得赞赏。

高先生通过对方姓氏的特殊性，触动了对方对自己家族发展的慨叹，对事业有成的喜悦之情，从而使他自己由"敌人"转变成被称为"很少有人像你这样感兴趣"的人。接着又在承包商动情之处加以附和，最后得到了一顿欢迎的午餐和一个生意上的保证。

有效的赞美往往就是这样，要有一双慧眼，抓住别人没有注意到的东西，避开锋芒，绕开人们关注的焦点，得到"曲径通幽处，巧言至诚心"的最佳效果。

通常情况下，当一个人处在众口一词的赞美中时，往往不会再把这种同一内容的赞美当回事，这时，如果你能找到别人都忽视了的优点来赞美他，就必然能引起这个人的注意，因为人总是希望别人能尽可能地发现他的优点。

为了突出与众不同，给人留下深刻的印象，说话讨人喜欢的人的赞美方式往往是独特的。比如对一个健美冠军，他不会去赞美其长得健壮，因为可能电视、广播、报纸上都已介绍过了，而且电台、广播、报纸的赞美不比他的赞美更让人激动吗？此时，他会挖掘对方不明显的优点去加以赞美，比如赞美他的烹调手艺等。爱因斯坦曾这样说过，别人赞美他思维能力强，有创新精神，他一点都不激动，作为一名大科学家，他听这类话都已听腻了，但如果谁赞美他小提琴拉得真棒，他一定会心花怒放。

所以，赞美要想打动对方，给人一种美的享受，要力求新颖、不落俗套。通常，应注意以下 3 方面：

切忌盲目模仿：在公共场合赞美别人时，自己想不出怎样赞美，跟别人说重复的话，附和别人的赞美，很难达到预期的效果。

避开公认特长：赞美某专长的人最多，时间长了，被赞美的人听腻了，这方面的赞美也就不起作用了。

避开套词俗语："如雷贯耳""百闻不如一见""生意兴隆""财源茂盛"等公式化的套词，使人感觉你缺乏诚意，对方不会对你留下深刻的印象。

实现赞美的创新、与众不同，就需要我们综合各方面的因素来翻出恰当的"新"意，否则便会弄巧成拙，适得其反。正如马克·吐温所言："一句好的赞美能够我十天的粮。"如果我们每天都让新鲜的赞美流淌入他人的生活中，那么彼此的生活食欲就会增强。

巧妙拒绝对方的艺术

在商务活动中，对于对方提出的那些不合理条件我们必须加以拒绝。但拒绝要有技巧、有水平。拒绝对方要依据具体问题采取相应的拒绝策略，其实拒绝是在考验双方的心理承受能力，采用的策略和意图都是双方心知肚明的，关键要看心理和技巧上的博弈。

一、在合适的时机使用强势拒绝

这种情况多发生在对方比较纠缠或狡猾的时候，前者让我们十分为难、尴尬，不答应对方就会麻烦不断；后者让我们手足无措，不答应对方自己将陷于不义。

拒绝有时无须过多考虑对方的感受，一旦掺杂了情感因素，很容易让自己陷入被动的局面。如果对方比较纠缠或狡猾，我们应正气凛然，堂堂正正地拒绝对方的要求，对方往往会被我们的气节与气势所折服。

1.表明立场，态度鲜明。如果对方通过某些手段提出我们难以接受的条件，我们应该立即表明立场，不要表现出犹豫或软弱的样子，否则对方会乘势"追击"，使得我们不得不答应对方的要求。如何才能坚决表明立场呢？那就是通过讲原则来表明立场。

要时刻记住我们的职责，不要轻易退让或应允，尽量按照原计划进行，如果是授权谈判要尽可能地在授权范围内与对方周旋。遇到原则问题，要积极表明自己的态度和立场，不要受对方的诱惑和威胁。

2.巧问反问，堵住对方的口。使用反诘句拒绝对方不但能够让对方哑口无言，还能打击对方贪得无厌或得寸进尺的心理。"我真的希望你们能够再做一点点让步，"我们可以这样反诘，"这次谈判如果都按照贵方的要求做出无原则的让步，我方还有利润吗？"对方会意识到我们在拒绝他，但又没办法反驳，这样我们就从容而又有力地回击了对方的无理要求。

甲："你们的优惠太少了啊，还希望能再优惠一点。"

乙："再优惠一点？难道我们要像超市那样天天给你搞活动吗？"

把问题指向第三方事件，把目前事件与第三方事件进行对比，形成一个不符合事实的悖论。这时对方没有反驳的机会，心理上会觉得不好意思，从而找一些话题绕过去，我们也达到了回绝对方的目的。

采用对比的方式反诘，举例按对方提出的方式执行可能出现的结果（举例），对方会意识到这样做的后果，也就不再坚持了。

3. 连续发问，让对方理屈词穷。如果遇到对方的过分要求，我们可以提出一连串的问题进行质疑。一气呵成地发问会让对方措手不及，来不及思考任何问题，无论对方回答或不回答，也足以表明他提的要求太过分了，这样就巧妙地将责任转移到了对方身上。

这种方法比较适合只顾自己利益而提出过分要求的商业合作方。

二、委婉拒绝对方的技巧

尽管有的时候拒绝对方需要采用较为强势的策略，但大多数商业场合的拒绝仍然要委婉一些，因而也更需要讲究心理策略。特别是遇到关系深厚的商业伙伴，过于简单的拒绝会让我们失去对方，从而错失商机。为此，我们应该选择灵活的方式婉拒对方。下面这些技巧是商务活动必须掌握的拒绝技巧：

1. 转移话题。心理学研究发现，如果一个人的注意力集中的时候，恰当地插入新的刺激，那么他的注意力会转移到新的"刺激"上来。在谈判中如果遇到难以回复或难以满足的要求，我们可以转移当下的话题，将对方的注意力转移到某一话题上。

2. 寻找借口。寻找借口，把问题推向与己无关的事物或事件上去，对方的注意力也会随之转移，从而使对方不再对我们纠缠。

3. 回避，不置可否。回避是最常见的一种拒绝方式，其关键在于模棱两可的态度，让对方摸不着头脑或失去坚持的耐心。回避的惯用方式有下面几种：

第一，保持沉默

对方提出我们无法满足的要求时，我们可以保持沉默，既不表示同意，又不否认。对方捉摸不透我们的心理，丧失了解我们的心理优势，一段时间后对方会重新选择其他的话题作为讨论的内容。但在使用时要注意以下问题：

使用前提是要看我方在谈判中的地位，如果我方占主动地位便可以使用。

要恰当地选择使用时机和对象，不要在老客户身上使用。

持续时间视现场而定，如果对方表现出惊讶、焦躁不安的神情，我方应该坚持下去；如果对方表现得悠然自得，我方应先开口，并转移话题。

第二，推托其辞

推托其辞可以在不便说明真相时使用，如"只要上级批准，我立刻执行"，对方无法围绕这个问题继续纠缠，只能接受现实。

第三，答非所问

答非所问的目的就是提醒或暗示对方"我不同意或换个话题"。

甲："请介绍一下公司的产品研发情况吧！"

乙："我们的服务很周到呢。"

我们无法满足对方要求时可以这么说，回答一些毫不相关的问题，暗示对方"这是不可能的"，如果对方领悟后，就不会再纠缠下去了。回答的问题不要与上个问题没有任何关联，要包括内在联系、逻辑关系、理论关系等。

第七章

心急吃不了热豆腐，从客户的拒绝中寻找机遇

客户拒绝时怎么办

推销时挖掘客户的消费需求，是应对客户拒绝的绝佳方法。

当客户对你说出拒绝的话语时，一个成熟而有经验的行销人员会通过有策略的交谈，巧妙突破客户的防线，从而开发出客户的潜在需求。推销时挖掘客户的消费需求至关重要。

肯特是一家人寿保险公司的推销员。当肯特按照上一次电话中约定的时间与某公司的总经理安德森先生进行电话跟进时，安德森先生的回应很平淡。

安德森先生："我想你今天还是为了那份团体保险吧？"

肯特："是的。"

安德森先生："对不起，打开天窗说亮话，公司不准备买这份保险了。"

肯特："安德森先生，您是否可以告诉我到底为什么不买了呢？"

安德森先生："因为公司现在赚不到钱，要是买了那份保险，公司一年要花掉1万美元，这怎么受得了呢？"

肯特："除了这个原因，还有什么其他让您觉得不适合购买的原因吗？可否把您心里的想法都告诉我？"

安德森先生："当然，是还有一些其他的原因……"

肯特："我们是老朋友了，您能告诉我到底是什么原因吗？"

安德森先生："你知道我有两个儿子，他们都在工厂里做事。两个小家伙穿着工作服跟工人一起工作，每天从早上8点忙到下午5点，干得不亦乐乎。要是购买了你们的那种团体保险，如果不幸身故，岂不是把我在公司里的股份都丢掉了？那我还留什么给我儿子？工厂换了老板，两个小家伙不是要失业了吗？"

（真正的原因总算被挖出来了，所有开始时的理由只不过是借口，真正的原因是受益人之间的问题，可见这笔生意还没有泡汤。）

肯特："安德森先生，因为您儿子的关系，您现在更应该做好保险计划，让儿子将来更好地生活。我现在就上您那儿去，咱俩一起把原来的保险计划做个修改，使您两个儿子变成最大的受益人。这样一来，无论父亲还是儿子，哪一方发生意外都可以享受到全部的好处。"

安德森先生："好吧，如果能达到这个要求，我倒可以考虑签单。"

挖掘客户的消费需求，就是要让他觉得眼前的商品可以给他带来远远超出商品价值之外的东西。每位顾客由于其年龄、性别、职业、文化程度、消费知识和经验的差异，他们在购买商品时，会有不同的购买动机和消费需求，因此，他们所要求得到的服务也不同，销售人员面对每一位顾客都要细心观察，热情、细致地为他们提供所需要的服务。

当客户拒绝产品时，一个有经验的销售人员通常会采取旁敲侧击的迂回战术牵引客户的思维，而非继续滔滔不绝地谈论产品的卖点，以期引起客户的注意或者干脆放弃。客户的消费需求要推销员去开发，聪明的推销员会在无意中给顾客限制选择的权利或者是让消费者做出有利于推销员的选择。要想占有更大的市场，就要求推销员不断开发客户的需要。

客户嫌贵时怎么办

在销售中，行销人员若善于运用数字技术就可以化解顾客的价格异议。

价格异议是任何一个推销员都遇到过的情形。比如"太贵了""我还是想买便宜点的""我还是等价格下降时再买这种产品吧"等。对于这类反对意见，如果你不想降低价格的话，你就必须向对方证明，你的产品的价格是合理的，是产品价值的正确反映，使对方觉得你的产品物有所值。

一位推销员正在向客户电话推销一套价格不菲的家具。

客户："这套家具实在太贵了。"

推销员："您认为贵了多少？"

客户:"贵了1000多元。"

推销员:"那么咱们现在就假设贵了1000元整,先生您能否认可?"

客户:"可以认可。"

推销员:"先生,这套家具您肯定打算至少用10年以上再换吧?"

客户:"是的。"

推销员:"那么就按使用10年算,您每年也就是多花了100元,您说是不是这样?"

客户:"没错。"

推销员:"1年100元,那每个月该是多少钱?"

客户:"每个月大概就是8元多点吧!"

推销员:"好,就算是8.5元吧。您每天至少要用两次吧,早上和晚上。"

客户:"有时更多。"

推销员:"我们保守估计为每天两次,那也就是说每个月您将用60次。所以,假如这套家具每月多花了8.5元,那每次就多花不到1.5元。"

客户:"是的。"

推销员:"那么每次不到1.5元,却能够让您的家变得整洁,让您不再为东西没有合适的地方放而苦恼。而且还能起到装饰作用,您不觉得很划算吗?"

客户："你说得很有道理，那我就买下了。你们是送货上门吧？"

推销员："当然！"

在销售中，运用数字技术就可以化解顾客类似的价格异议。这个案例就是其中的典型代表。案例中，推销员向客户推销一套价格昂贵的家具，客户认为太贵了，这时候推销员需要做的就是淡化客户的这种印象。于是，推销员开始运用自己高超的数字技术，他先假设这套家具能够使用10年，然后把客户认为贵了的1000多元分摊到每年、每月、每天、每次，最后得出的数据为每次不到1.5元，这大大淡化了客户"太贵了"的印象，最后成功地售出了这套昂贵的家具。

可见，推销员在与客户的沟通中，如果能够在回答潜在客户的问题时自然地采用数字技术，那么成交也就不再是难事了。

以过硬的专业知识赢得信任

无论在销售过程中，还是售后的服务中，一个出色的销售人员应具备过硬的专业知识。

如果你是一位电脑公司的客户管理人员，当客户有不懂的专业知识询问你时，你的表现就决定了客户对你的产品和企业的印象。

　　一家车行的销售经理正在打电话销售一种用涡轮引擎发动的新型汽车。在交谈过程中，他热情激昂地向他的客户介绍这种涡轮发动机的优越性。

　　他说："在市场上还没有可以与我们这种发动机媲美的，它一上市就受到了人们的欢迎。先生，你为什么不试一试呢？"

　　对方提出了一个问题："请问汽车的加速性能如何？"他一下子就愣住了，因为他对这一点非常不了解。理所当然，他的销售也失败了。

　　试想，一个销售化妆品的人对护肤的知识一点都不了解，只是想一心卖出其产品，那结果注定会失败。

　　房地产经纪人不必去炫耀自己比别的任何经纪人都更熟悉市区地形。事实上，当他带着客户从一个地段到另一个地段到处看房的时候，他的行动已经表明了他对地形的熟悉。当他对一处住宅做详细介绍时，客户就能认识到销售经理本人绝不是第一次光临那处房屋。同时，当讨论到抵押问题时，他所具备的财会专业知识也会使客户相信自己能够获得优质的服务。前面的那位销售经理就是因为没有丰富的知识使自己表现得没有可信度，导致他的推销失败，而想要得到回报，你必须努力使自己成为本行业各项业务方面的行家。

　　那些定期登门拜访客户的销售经理一旦被认为是该领域的专家，他们的销售额就会大幅度增加。比如，医生依赖于经验丰富的医疗设备推销代表，而这些能够赢得他们信任的代表正是在本行业中成功的人士。

不管你推销什么，人们都尊重专家型的销售经理。在当今的市场上，每个人都愿意和专业人士打交道。一旦你做到了，客户会耐心地坐下来听你说那些想说的话。这也许就是创造销售条件、掌握销售控制权最好的方法。

除了对自己的产品有专业知识的掌握，有时我们也要对客户的行业有大致的了解。

销售经理在拜访客户以前，对客户的行业有所了解，这样，才能以客户的语言和客户交谈，拉近与客户的距离，使客户的困难或需要立刻被觉察而有所解决，这是一种帮助客户解决问题的推销方式。例如，IBM 的业务代表在准备出发拜访某一客户前，一定先阅读有关这个客户的资料，以便了解客户公司的营运状况，增加拜访成功的机会。

莫妮卡是伦敦的房地产经纪人，由于任何一处待售的房地产可以有好几个经纪人，所以，莫妮卡如果想出人头地的话，只有凭借丰富的房地产知识和服务客户的热诚。莫妮卡认为："我始终掌握着市场的趋势，市场上有哪些待售的房地产，我了如指掌。在带领客户察看房地产以前，我一定把房地产的有关资料准备齐全并研究清楚。"

莫妮卡认为，今天的房地产经纪人还必须对"贷款"有所了解。"知道什么样的房地产可以获得什么样的贷款是一件很重要的事，所以，房地产经纪人要随时注意金融市场的变化，才能为客户提供适当的融资建议。"

一个销售员对自己产品的相关知识都不了解的话，一定没有哪个客户会信任他。当我们能够充满自信地站在客户面前，无论是他有不懂的专业知识要咨询，还是想知道市场上同类产品的性能，我们都能圆满解答时，才算具备了过硬的专业知识。

化僵局为妙棋的心理对策

被拒绝就是僵局，销售人员要有化僵局为妙棋的能力。

在销售中遭到拒绝，对于一个销售员来说都是家常便饭。但是，被拒绝不单是心里不好受，还与经济收入直接挂钩，这就需要我们掌握一些必备的应对策略，化僵局为好棋。

1. 客户说没兴趣、不需要

这是销售员听到的最多的拒绝语言，因为这几乎是客户的口头禅。但这个口头禅恰恰又是销售人员让客户养成的，因为大部分销售人员喜欢一来就推销产品。对于来路不明、不熟悉的人和产品，客户的第一反应肯定是不信任，所以很自然地就以没兴趣、不需要为由拒绝了。建立信任是推销的核心所在，无法赢得信任就无法推销，没有信任的话你说得越精彩，客户的心理防御度就会越强。特别是诓骗虚假之词更是少用为好，因为在成交之前，客户对你说的每一句话都会抱着审视的态度，如果再加上不实之词，其结果可想而知。

所以，避免此类拒绝最好的方式就是在最开始的时候尽一切可能增加和坚定顾客的信任度。无论是产品的质量还是个人的态度、举止、形象，都要让人觉得可靠。

2. 客户说我现在很忙，以后再说吧

这种拒绝虽然出于好意，却很难让人琢磨透。有的客户是真的很忙，但大多数时候他们只是给出了一个很温柔的拒绝。对于这种拒绝，我们可以这么说："我知道，时间对于每个人来说都是非常宝贵的。这样吧，为了节约时间，我们只花两分钟来谈谈这件事情。如果两分钟之后，您不感兴趣，我立即出去，再也不打扰您了，可以吗？"

3. 客户说我们现在还没有这个需求

社会在变化，需求也在不断地变化。今天不需要，并不代表明天不需要；暂时不需要，不代表永远不需要。所以有些需求是潜在的，关键在于你是否能把他沉睡的购买欲望给唤醒。有时候经常会存在这样一种状况，当你被人以"我们现在还没有这个需求"拒绝之后，第二天却发现这个客户竟然在另外一家公司购买了同样的产品。

心理学家在分析一个人是否购买某一商品时，得出了这么一个结论：人们的购买动机通常有两个，一个是购买时这个产品能给自己带来怎样的快乐和享受；另一个是如果不购买自己会遭受怎样的损失和痛苦。将这两个动机攻破了，客户的拒绝碉堡也就自然攻破了。

4. 客户说我们已经有其他供应商了

当客户告诉销售人员"我们已经有其他的供应商了"，这往往是真实的情况。但这并不意味着销售员就完全没有机会了，恰恰相反，销售员还有很多的机会。因为当客户正在使用其他供应商提供的某一产品时，正好说明这个客户已经认可了这个产品。这样就不用我们的销售员花时间来反复陈述某一产品能给客户带来怎样的好处，而只需很巧妙地告诉客户自己的产品与客户正在使用的产品存在哪些差异，而这些差异又会给他带来怎样的好处，最后让客户自己去权衡。一家企业在考虑与谁合作的时候，考虑最多的还是利益。如果销售员非常自信自己的产品较之客户正在使用的产品更有优势的话，那么自己就随时有机会取代客户现有的供应商。

5. 客户说你们都是骗子

当客户说这句话的时候，销售员也别先恼，这说明客户曾经受到过伤害。一朝被蛇咬，十年怕井绳，曾经的阴影让他们太刻骨铭心了。如果这个心结不打开的话，想把类似的产品销售给他几乎是不可能的事情。但是这并不等于这个客户不需要此类产品。在这种情况下，销售员可以试着和他一起找原因，如果是销售员的原因，就真诚地向客户道歉，必要时适当补偿对方的损失。只要对方的心结打开了，生意也就可以继续了。

6. 客户说你们的产品没什么效果

客户这么说的话，实际上已经否定了销售员的产品，并将此类销售打入"黑名单"。这个问题有些棘手。销售员必须站在客户的立场考虑问题，在第一时间内承认错误，并积极地寻找问题的根源。让客户明白自己的公司已经今非昔比，过去的不代表现在的，并想办法解决这个问题。

7. 客户说你们的价格太高了

客户说这样的话，严格来说还谈不上是一种拒绝，这实际上是一种积极的信号。因为这意味着在客户的眼里，除了"价格太高"之外，客户实际上已经接受了除这个因素之外的其他各个方面。

这个时候，立即与客户争辩或者一味降价都是十分不理智的。销售员需要及时告诉客户自己马上与领导商量，尽量争取一个优惠的价格，但要暗示有困难。等再次与客户联系的时候，告诉客户降价的结果来之不易。降价的幅度不需要太大，但要让客户感觉到利润的空间真的很小，销售方已经到了没有钱赚的边缘。或者询问客户与哪类产品比较后才觉得价格高，因为有很多客户经常拿不是同一个档次的产品进行比较。通过比较，让客户明白一分钱一分货的道理，最终愿意为高质量的产品和服务多付一些钱。

让"反对问题"成为卖点

很多时候，客户的一些反对问题也能成为行销的独特卖点。

一些行销人员在遇到客户提出一些负面问题，或者是指出产品的缺点时，就慌忙进行掩盖，结果越掩盖越是出现问题。其实，很多时候，客户的一些反对问题也能成为行销的独特"卖点"。

让"反对问题"成为卖点是一种很棒的销售技巧，因为它的说服力非常强。所谓"准客户的反对问题"有两种：一个是准客户的拒绝借口，一个是准客户真正的困难。不管是哪一种，只要你有办法将反对问题转化成你的销售卖点，你都能"化危机为转机"，进而成为"商机"。如果这是准客户的拒绝借口，他将因此没有借口拒绝你的销售；如果这是准客户的真正困难所在，你不就正好解决了他的困难吗？他又有什么理由拒绝你的销售呢？

假如你向顾客推荐你所在银行的信用卡服务时，顾客说："不用了，我的卡已经够多了。"

你可以这样回答说："是的，常先生，我了解您的意思，就是因为您有好几张信用卡，所以我才要特别为您介绍我们这张

'××卡'，因为这张卡不管是在授信额度上、功能上还是便利性上，它都可以一卡抵多卡，省去您必须拥有多张卡的麻烦。"

如果客户说："我现在没钱，以后再说吧。"

行销人员可以说："听您这么说，意思是这套产品是您真正想要的东西，而且价格也是可以接受的，只是没有钱。我想说的是既然是迟早要用的东西，为什么不早点买？早买可以早受益。而且，世界上从来就没有钱的问题，只有意愿的问题，只要您决定要，您就一定可以解决钱的问题。"

如果客户说："价格太高了。"

行销人员可以说："依您这么说，我了解到您一定对产品的品质是相当满意的，对产品的包装也没有异议，您心里一定也想拥有这套产品。既然对品质、包装、功效方面这些重要的事情是满意的，就没有必要在乎价格的高低，有些时候，价格真的不重要。"

如果客户说："我想我现在不需要，需要的时候再找你吧。"

行销人员就可说："谢谢您对我的信任。听您的意思是说，现在不需要，以后肯定需要。那就是说您对产品的各个方面都是相当满意的，是吧？既然以后肯定需要，为何不现在买呢？我很难保证以后是不是可以以这么低廉的价格买到品质这么好的产品。"

如果顾客说："没有兴趣。"

行销人员就可说："是的，正因为您没有兴趣，我才会打电话给您。"

假如顾客说："我已经有同样的东西，不想再找新厂商了！"

行销人员就可说："依您这么说，您是觉得这种产品不错嘛！那您为什么不选择我们呢？我们公司可以提供您更优厚的运转资金条件，节省下来的资金费用正好可以付每个月的维修费用，每个月维修等于是免费的呢！"

假如，你的客户对你说："我现在还不到 30 岁，你跟我谈退休金规划的事，很抱歉，我觉得太早了，没兴趣。"

行销人员就可以用让"反对问题"成为卖点的技巧回复他："是的，我了解您的意思。只是我要提醒您的是，准备退休金是需要长时间的累积才能达成的，现在就是因为您还年轻，所以您才符合我们这项计划的参加资格。这个计划就是专门为年轻人设计的。请您想一想，如果您的父母现在已经五六十岁了，但是还没有存够退休金的话，您认为他们还有时间准备吗？所以，我们也就无法邀请他们参加了！"这样一来，客户就很可能被你的反对问题给说服了，而理所当然地愿意与你达成交易。

所以，在行销中，如果客户提出一个在一般人看来都是一条很充分的理由拒绝你时，你不妨采用让"反对问题"成为卖点的技巧，这样往往会让你有意外的收获。

第八章

讨价还价巧接招，让客户『心随你动』

BA HUA
SHUO DAO
KEHU XINLI QU

衡量对方期望值，在行家面前报价不可太高

某公司急需引进一套自动生产线设备，正好销售员露丝所在的公司有相关设备出售，于是露丝立刻将产品资料快递给该公司老板杰森先生，并打去了电话。

露丝："您好，杰森先生，我是露丝！听说您急需一套自动生产线设备，我将我们公司的设备介绍给您快递过去了，您收到了吗？"

杰森（听起来非常高兴）："哦，收到了，露丝小姐。我们现在很需要这种设备，你们公司竟然有，太意外了……"

（露丝一听大喜过望，她知道在这个小城里拥有这样设备的公司仅他们一家，而对方又急需，看来这桩生意十有八九跑不了了。）

露丝："是吗？希望我们合作愉快。"

杰森："你们这套设备售价多少？"

露丝（颇为扬扬自得的语调）："我们这套设备售价30万美元……"

客户（勃然大怒）："什么？你们的价格也太离谱了！一点诚意也没有，咱们的谈话到此为止！"（重重地挂上了电话。）

双方交易，就要按底价讨价还价，最终签订合同。这里所说

的底价并不是指商品的最低价格，而是指商家报出的价格。这种价格是可以浮动的，也就是说有讨价还价的余地。围绕底价讨价还价是有很多好处的，举一个简单的例子：

早上，甲到菜市上去买黄瓜，小贩 A 开价就是每斤 5 角，绝不还价，这可激怒了甲；小贩 B 要价每斤 6 角，但可以讲价，而且通过讲价，甲把他的价格压到 5 角，甲高兴地买了几斤。此外，甲还带着砍价成功的喜悦买了小贩 B 几根大葱呢!

同样都是 5 角，甲为什么愿意磨老半天嘴皮子去买要价 6 角的呢？因为小贩 B 的价格有个目标区间——最高 6 角是他的理想目标，最低 5 角是他的终极目标。而这种目标区间的设定能让甲讨价还价，从而获得心理满足。

如果想抬高底价，尽量要抢先报价。大家都知道的一个例子就是，卖服装有时可以赚取暴利，聪明的服装商贩往往把价钱标得超出进价一倍甚至几倍。比如一件皮衣，进价为 1000 元，摊主希望以 1500 元成交，但他却标价 5000 元。几乎没有人有勇气将一件标价 5000 元的皮衣还价到 1000 元，不管他是多么精明，也往往只是希望能还到 2500 元，甚至 3000 元。摊主的抢先报价限制了顾客的思想，由于受标价的影响，顾客往往都以超过进价几倍的价格购买商品。在这里，摊主无疑是抢先报价的受益者。报价时虽然可以把底价抬高，但是这种抬高也并不是无限制的，尤其在行家面前，更不可大意。案例中的销售员觉得自己的产品正好是对方急需的，而将价格任意抬高，最终失去对方的信任，导致十拿九稳的交易失败，对销售员来说也是一个惨痛的教训。

如果你在和客户谈判时，觉得不好报底价，你完全可以先让对方报价。把对方的报价与你心目中的期望价相比较，然后你就会发现你们的距离有多远，随之调整你的价格策略，这样的结果可能是双方都满意的。

学会冷静，请对方先亮出底牌

不知道对方的底牌时，可以保持沉默，让对方先开口亮出底牌，最后再采取策略。

理赔员："先生，我知道你是交涉专家，一向都是针对巨额款项谈判，恐怕我无法承受你的要价。我们公司若是只付 100 美元的赔偿金，你觉得如何？"

谈判专家表情严肃，沉默不语。

理赔员（果然沉不住气）："抱歉，请勿介意我刚才的提议，再加一些，200 美元如何？"

谈判专家（又是一阵长久的沉默）："抱歉，这个价钱令人无法接受。"

理赔员："好吧，那么 300 美元如何？"

谈判专家沉思良久。

理赔员（有点慌乱）："好吧，400美元。"

谈判专家（又是踌躇了好一阵子，才慢慢地说）："400美元？……喔，我不知道。"

理赔员（痛心疾首）："就赔500美元吧。"

谈判专家仍在沉思中。

理赔员（无奈）："600美元是最高期限了。"

谈判专家（慢慢地说）："可它好像并不是我想要的那个数。"

理赔员："如果说750美元还不是你想要的，那我也没有办法了。"

谈判专家（沉思一会儿后）："看来咱们的谈判无法进行下去了。"

理赔员："800，只能到800美元，否则咱们真的谈不下去了。"

谈判专家："好吧，我也不想为此事花费更多的时间。"

谈判专家只是重复着他良久的沉默，重复着他严肃的表情，重复着说不厌的那句老话。最后，谈判的结果是这件理赔案终于在800美元的条件下达成协议，而谈判专家原来只准备获得300美元的赔偿金。

当我们不知道对方的底牌时，保持沉默是一个不错的主意！

爱迪生在做某公司电气技师时，他的一项发明获得了专利。一天，公司经理派人把他叫到办公室，表示愿意购买爱迪生的专利，并让爱迪生出个价。

爱迪生想了想，回答道："我的发明对公司有怎样的价值，我不知道，请您先开个价吧。"那好吧，我出 40 万美元，怎么样？"经理爽快地先报了价，谈判顺利结束了。

事后，爱迪生满面喜悦地说："我原来只想把专利卖 500 美元，因为以后的实验还要用很多钱，所以再便宜些我也是肯卖的。"

让对方先开口，使爱迪生多获得了 30 多万美元的收益。经理的开价与他预期的价格简直是天壤之别。在这次谈判中，事先未有任何准备、对其发明对公司的价值一无所知的爱迪生如果先报价，肯定会遭受巨大的损失。在这种情况下，最佳的选择就是把报价的主动权让给对方，通过对方的报价，来探查对方的目的、动机，摸清对方的虚实，然后及时调整自己的谈判计划，重新确定报价。

给客户"一分价钱一分货"的实在感

当客户要求降价时，可以通过列举产品的核心优点，在适当的时候与比自己的报价低的产品相比较，列举一些权威专家的评论及公司产品获得的荣誉证书或奖杯等技巧和方法让客户觉得物有所值。

客户："我是 ×× 防疫站陈科长，你们是 ×× 公司吗？我找一下你们的销售。"

销售员："哦，您好！请问您有什么事？"

客户："我想咨询一下你们软件的报价，我们想上一套检验软件。"

销售员："我们的报价是98800元。"

客户："这么贵！有没有搞错。我们是防疫站，可不是有名的企业。"（态度非常高傲）

销售员："我们的报价是基于以下两种情况：首先从我们的产品质量上考虑，我们历时5年开发了这套软件，我们与全国多家用户单位合作，对全国的意见和建议进行整理，并融入我们的软件中。所以我们软件的通用性、实用性、稳定性都有保障。另外，我们的检验软件能出检验记录，这在全国同行中，我们是首例，这也是我们引以为傲的。请您考察。"

客户："这也太贵了！你看人家成都的才卖5万元。"

销售员："陈科长，您说到成都的软件，我给您列举一下我们的软件与成都的软件的优缺点：咱们先说成都的，他们软件的功能模块很全，有检验、体检、管理、收费、领导查询等，但他们软件的宗旨是将软件做得全但不精。而我们的宗旨是将软件做到既广又深，仅就检验这一块来说，他们的软件要求录入大量的数据和需要人工计算，他实现的功能只是打印。而再看我们的，我们只需要输入少量的原始数据即可，计算和出检验记录全部由计算机完成，这样既方便又快捷。另外，我们的软件也有领导查询和管理功能。在仪器和文档方面我们的软件也在不断改进，不断升级。"

客户："不行，太贵。"（态度依然强硬）

销售员："您看，是这样的，咱们买软件不仅买的是软件的功能，更主要的是软件的售后服务，作为工程类软件，它有许多与通用性软件不同的地方。我们向您承诺，在合同期间我们对软件免费升级、免费培训、免费安装、免费调试等。您知道，我们做的是全国的市场，这期间来往的费用也是很高的，这个我们对您也是免费的。另外，在我们的用户中也有像您这样的客户，说我们的软件比较贵，但自从他们上了我们的软件以后就不再抱怨了，因为满足了他们的要求，甚至超过了他们的期望。我们的目标是：利用优质的产品和高质量的售后服务来平衡顾客价值与产品价格之间的差距，尽量使我们的客户产生一种用我们的产品产生的价值与为得到这种产品而付出的价格相比物有所值的感觉。"

客户："是这样啊！你们能不能再便宜一点啊？"（态度已经有一点缓和）

销售员："抱歉，陈科长。你看，我们的软件质量在这儿摆着，确实不错。在 10 月 21 号我们参加了在上海举办的上海首届卫生博览会，在会上有很多同行、专家、学者。其中一位检验专家，他对检验、计算机、软件都很在行，他自己历时 6 年开发了一套软件，并考察了全国的市场，当看到我们的软件介绍和演示以后当场说：'你们和深圳的软件在同行中是领先的。'这是一位专家对我们软件的真实评价。我们在各种展示中也获得过很多奖，比如检验质量金奖、检验管理银奖等奖项。"

客户："哦，是这样啊！看来你们的软件真有一定的优点。那你派一个工程师过来看一下我们这儿的情况，我们准备上你们的系统。"（他已经妥协了）

至此，经过以上几轮谈判和策略安排，该产品的高价格已被客户接受，销售人员的目标已经实现了。

在与别人谈判的过程中，如何说服你的客户接受你的建议或意见，这其中有很大的学问，特别是在价格的谈判中。以下是价格谈判中的一些技巧和策略：

1.在谈判过程中尽量列举一些产品的核心优点，并说一些与同行相比略胜一筹的特点，尽量避免说一些大众化的功能。

2.在适当的时候可以与比自己的报价低的产品相比较，可以从以下几方面考虑：

（1）客户的使用情况（当然你必须对你的和你对手的客户的使用情况非常了解——知己知彼）。

（2）列举一些自己和竞争对手在为取得同一个项目工程，并同时展示产品和价格时，我们的客户的反映情况（当然，这些情况全都是对我们有利的）。

3.列举一些公司的产品在参加各种各样的会议或博览会时，专家、学者或有威望的人员对我们的产品的高度专业的评语。

4.列举一些公司产品获得的荣誉证书或奖杯等。

吹毛求疵，步步紧逼迫使对方让步

在商务谈判中，谈判者如能巧妙地运用吹毛求疵策略，会迫使对方降低要求，做出让步。买方先是挑剔个没完，提出一大堆意见和要求，这些意见和要求有的是真实的，有的只是出于策略需要的吹毛求疵。

吹毛求疵的谈判方法在商贸交易中已被无数事实证明，不但行得通，而且卓有成效。有人曾做过试验，证明双方在谈判开始时，倘若要求越高，则所能得到的也就越多。因此，许多买主总是一而再，再而三地运用这种战术，把它当作一种"常规武器"。

有一次，某百货商场的采购员到一家服装厂采购一批冬季服装。采购员看中一件皮夹克，问服装厂经理："多少钱一件？""500元一件。""400元行不行？""不行，我们这是最低售价了，再也不能少了。""咱们商量商量，总不能要什么价就什么价，一点也不能降吧？"服装厂经理感到，冬季马上到来，正是皮夹克的销售旺季，不能轻易让步，所以，很干脆地说："不能让价，没什么好商量的。"采购员见话已说到这个地步，没什么希望了，扭头就走。

过了两天，另一家百货商场的采购员又来了。他问服装厂经理："多少钱一件？"回答依然是 500 元。采购员又说："我们会多要的。采购一批，最低可多少钱一件？""我们只批发，不零售。今年全市批发价都是 500 元一件。"这时，采购员不急于还价，而是不慌不忙地检查产品。过了一会儿，采购员讲："你们的厂子是个老厂，信得过，所以我到你们厂来采购。不过，你的这批皮夹克式样有些过时了，去年这个式样还可以，今年已经不行了。而且颜色也单调，你们只有黑色的，而今年皮夹克的流行色是棕色和天蓝色。"他边说边看其他产品，突然看到有一件衣服，口袋有裂缝，马上对经理说："你看，你们的做工也不如其他厂精细。"他仍边说边检查，又发现有件衣服后背的皮子不好，便说："你看，你们这衣服的皮子质量也不好。现在顾客对皮子的质量要求特别讲究，这样的皮子质量怎么能卖这么高的价钱呢？"

这时，经理沉不住气了，并且自己也对产品的质量产生了怀疑，于是用商量的口气说："你要真想买，而且要得多的话，价钱可以商量。你给个价吧！""这样吧，我们也不能让你吃亏，我们购 50 件，400 元一件，怎么样？""价钱太低，而且你们买的也不多。""那好吧，我们再多买点，买 100 件，每件再多 30 元，行了吧？""好，我看你也是个痛快人，就依你的意见办！"于是，双方在微笑中达成了协议。

同样是采购，为什么一个空手而回，一个却满载而归？原因很简单，后者采用了吹毛求疵策略，他让顾主变得理亏，同时又让顾主觉得他很精明，是内行，绝不是那种轻易被蒙骗的采购，从而只好选择妥协。

再来看看谈判专家库恩先生是怎样将他的花招带入日常生活中的，他可谓将吹毛求疵演绎到了极点。

有一次，他到一家商店买冰箱，营业员走上前来询问他需要的冰箱规格，并告诉他该冰箱每台售价为485.95美元。库恩先生走近冰箱左看右看，然后对营业员说："这冰箱外表不够光滑，还有小瑕疵。你看这儿，这个小瑕疵好像还是个小划痕，有瑕疵的东西一般来说都是要降价的呀！"接着，库恩先生又问营业员："你们店里这种型号的冰箱共有几种颜色？可以看看样品吗？"营业员马上引他看了样品，库恩先生看完后选择了现在店里没有的颜色。他解释说："这种颜色与我家厨房里的颜色很相配，而其他颜色则会令人感到不协调。颜色不好，价钱还那么高，如果不重新调整一下价格，我只好另选其他商店了，我想别的商店可能有我需要的颜色。"库恩先生打开冰箱门看过后问营业员："这冰箱附有制冰器吗？"营业员回答说："是的，这冰箱每天24小时都可为你制造冰块，而每小时只需2分钱电费。"库恩先生听后大声地说："这太不好了！我的孙子有慢性喉头炎，医生说绝对不能吃冰，绝对不可以的。你可以帮我把这个制冰器拆下来吗？"营业员回答说："制冰器无法为您拆下来，这是冰箱的一个重要组成部分。"库恩先生接着说："我知道了，但是这个制冰器对我来说毫无用处，却要我为此付钱，这太不合理了，价格不能再便宜点吗？"

经过他的百般挑剔，冰箱的价格只得一降再降。

总的来说，吹毛求疵的目的无非是迫使卖主降低价格，使自己拥有尽可能大的讨价还价余地；给对方一个印象，证明自己不会轻易被人欺蒙，以削弱甚至打消对方想坚持某些立场的念头；或使卖主在降低价格时，能够对其上级有所交代。如果你能巧妙地运用此策略，无疑会为你增益不少，但注意一定要把话说到位。

在价格谈判上争取达到双赢

在价格谈判中，尽量追求双赢效果。因为追求单赢往往只赢得眼前，却赢不了将来。

销售员："陆总，其他的事项我都可以落实，现在关键是价格问题，在上次的邮件里我提到过，半天的培训是按照一天的费用来计算的，您是怎么考虑的？"

客户："这点我知道，要是按照我的想法来计价的话，在原来给我们培训的费用基础上打8折。"

销售员："这样的价格很难行得通，我给其他公司培训都不是这样的价格，都是1.8万元一天，不信您可以去调查。"

客户："价格难道就不能变？我们原来合作的是 1.5 万一天，现在培训的时间是半天，而且有些公司半天只收半天的费用，我要是跟领导汇报，现在是半天的培训，不但没有降低价格，反而比一天的费用还要高，你说领导会怎么想？领导肯定会觉得我不会办事。"

销售员（犹豫了一下）："对，你说的话也在理。"

客户："是吧！你要让我好做事，不然我就失去了领导的信任。再说，这样的课程不是你一家公司能讲。"（声音大起来了，是为了保护自身的利益。）

销售员："陆总，这样吧，我们再商议一下，10 分钟后我们再联系。"（10 分钟以后，销售员又把电话打过去了。）

销售员："您好，陆总，我们商议了一下，既要考虑到您的实际情况，同时也要照顾我们的情况，所以我们的报价是 1.8 万的 8 折，去掉零头，您看怎么样？"

客户："哦！我刚从别的公司调查了一下，了解到你推荐的讲师在安徽讲课的时候，理论比较多，实践的东西少，而且与学员互动少……"

销售员："您所说的情况都是事实，我没有意见，在这次培训中我会督促讲师多多注意这些情况。既然是这样的话，我必须要考虑到您的立场，不能损害您的利益，给您的工作带来麻烦，您给我指条路吧！"

客户："这样吧！你们再降 1000，怎么样？"

销售员："好的，就这么办。"

在商务谈判中，如果一味地按照自己的谈判思路，很有可能会损害与客户之间的关系，更有可能使交易失败或是成为一锤子买卖，所以必须要以双赢为出发点来进行谈判。

从上面的案例可以看出，这位销售员所应对的客户谈判技术比较高，他有很多的筹码在手中：把以前的交易价格作为谈判的基础；自身在领导面前的信任作为谈判的底牌；同系统的调查作为谈判的印证；半天应该比一天费用少作为谈判的说理；挑选的余地比较多作为谈判的恐吓。5个筹码轮番轰炸，而销售员把握住底线绝不让步，同时照顾好客户的立场来赢得与客户的合作，这是许多新入行的销售员需要学习的一种技巧。

第九章

说话细思考，别让嘴坏了大事

赞美客户要有分寸

身为推销员，反应能力一定要快，当客户出现反感时要立即打住，避免墨守成规而造成僵化的局面。

好话人人爱听，但过分矫饰的赞美却让人浑身不自在。

一个推销员看准女人都希望自己年轻这一点，凡见到女性即称呼"小姐"。一次遇到一位年逾六旬、雍容华贵的老太太，直觉告诉他这是一个理想客户，于是十分热心地招待，并在寒暄中知道这位太太姓李，于是频频称呼她为"李小姐"。孰料老太太觉得不妥，希望他改一下称呼，然而推销员仍然坚持要以"李小姐"来称呼，并且用十分谄媚的语气说："外表不年轻并不重要，只要内心保持年轻就好了。"后来老太太虽然不再发表意见，但心中不悦的情绪早已产生，拒绝与排斥的念头也开始在心中发酵。

我们经常说"礼多人不怪"，所以推销员对顾客总是礼遇有加，并且经常会以近乎拍马屁的态度去奉承每一个客户。将人与人之间的沟通技巧建立在取悦对方的逢迎拍马上面，这种做法其实是一种过度包装。

推销的技巧中虽然会用到一些称赞的语言，但若是运用不当，就会出现相反的效果。也就是说，在赞美对方时，首先要考虑到一个事实，那就是客户可以接受哪些称赞的话，倘若适得其反，不如不用。身为推销员，反应速度一定要快，当客户出现反感时要立即打住，避免墨守成规而造成僵化的推销局面。否则推销能力不但不会提高，而且还会给人一种令人作呕的虚伪形象。销售员应该以更实际的做法来获得客户的认同，并且随时顺应社会的变迁，掌握最新的资料，调整新的推销策略，这样，才能跟得上时代。

赞美客户有助于推销员和客户形成良好的关系，进而达成交易并保持良好的关系。赞美对于推销员来说是相当重要的，它是一件好事，但绝不是一件易事。赞美客户时如果没有掌握良好的赞美技巧，即使推销员出于真诚，也会将好事变成坏事。在赞美客户时，以下技巧是可以运用的：

一是因人而异。客户的领悟力有高低之分，年龄有长幼之别，因此要因人而异，突出个性，有所指的赞美比泛泛而谈的赞美更能收到好的效果。年长的客户总希望人们能够回忆起其当年的雄风，与其交谈时，推销员可以将其自豪的过去作为话题，以此来博得客户的好感。对于年轻的客户不妨适当地赞扬他的开创精神和拼搏精神，并拿伟人的青年时代和他比较，证明其确实能够有所建树。对于商人，可以赞扬其生意兴隆，财源滚滚。对于知识分子可以赞扬其淡泊名利，知识渊博，等等。当然所有的赞扬都应该以事实为依据，千万不要虚夸。

二是详细具体。在和客户的交往中，发现客户有显著成绩的时候并不多见，因此推销员要善于发现客户哪怕是最微小的长处，并不失时机地予以赞美，让客户感觉到推销员的真挚、亲切和可信。

三是情真意切。说话的根本在于真诚。虽然每一个人都喜欢听赞美的话，但是如果推销员的赞美并不是基于事实或者发自内心，就很难让客户相信推销员，甚至客户会认为推销员在讽刺他。

四是合乎时宜。赞美客户要见机行事。一开始就赞美能拉近和客户的距离，到交易达成后再赞美客户就有些晚了。如果客户刚刚受到挫折，推销员的赞美往往能够起到激励其斗志的作用。但是如果客户取得了一些成就，已经被赞美声包围并对赞美产生抵制情绪时，再加以赞美就容易被人认为有溜须拍马的嫌疑。

五是雪中送炭。在生活中，人们往往把赞美给予那些功成名就的胜利者。然而胜利者毕竟是极少数的，很多人在平时处处受到打击，很难听到一句赞扬的话，此时你的赞美就好比是雪中送炭。

推销员适时地对客户进行赞美，往往能够让客户把推销员当作知心朋友来对待。在这种环境中，最容易达成交易。当然对于推销员来说，不要心存愧疚，只要推销员的赞美是出于真心诚意，这种方法就是可行的。

赞美不一定都要表现在言语上，通过目光、手势或者微笑都可以表达对客户的赞美之情。

切忌与客户争辩

与客户争辩，失败的永远是销售人员。一句销售行话是"占争论的便宜越多，吃销售的亏越大"。

"赢得一场争辩，就等于丢了一件生意！"这是我们销售人员需要时刻牢记在心的，因为到现在为止，还没有听说过哪位销售人员因为与客户"吵嘴"取胜而促成生意的例子。

永远不要跟客户争辩，这是一个简单的真理。一旦商品或服务的供应者把自己置于可能与客户产生争议的处境，他的"游戏"就该结束了。对于这一点，任何有过销售经验的人都不会有异议。但是，要真正做到"不与客户争辩"这一点还是有点难度的。

当一名怒气冲冲的客户冲到你面前，因为与你无关的原因而发生的问题大发雷霆、抱怨不止时，尽管理智告诉你保持冷静，但你还是免不了要委屈，火气上窜，开始同客户辩论起来、据理力争。这是很自然的行为，也是很不明智的行为。

下面是一个客户为我们讲述的真实故事：

前几天，苏木到麦当劳就餐，像往常一样点了麦香鸡汉堡和苹果派，她接过苹果派后吃了一口就停住不吃了。因为她吃到的是菠萝派，而她点的是苹果派。于是，她来到柜台前，看见刚才接待她的员工正在招呼其他客户，她找了另一位服务小姐说明了情况，另一位服务小姐二话没说转过身去给她拿苹果派。就在这个时候，刚才接待苏木的员工发现了这个问题。

"对不起，小姐，你刚才点的的确是菠萝派，我记得非常清楚……"她的话还没有说完，刚才那位服务员已经把苹果派递到了苏木手中。这时第一位服务员仍有礼貌地转向苏木："对不起，小姐，是我们弄错了，祝你在麦当劳用餐愉快。"之后，苏木回到自己的餐桌上享用午餐，猛然想起自己刚才的确点的是菠萝派，因为苹果派有些吃腻了，她临时改变了主意。这时，她感到有些后悔，并在内心升起一股对第一位服务员的感激之情。

虽然这是服务行业中的故事，但是故事的意义是相通的，第一位服务员迅速把客户的注意力从点错了菜品的不愉快转移到寻找解决问题的途径上去；相反地，如果她同客户争执，使客户不愉快，对问题的解决就会很不利。

有一项研究表明：当客户对一家商店不满时，4%的客户会说出来，而剩下的96%的客户会选择默然离去，结果就是这90%的客户将永远不会再光顾这家商店，而且还会分别把不满至少传递给8～12人听，向他们宣传此家商店的商品质量和服务质量是如何的糟糕。这 8 ~ 12 人中有 20% 还会转述给他们的朋友听。如果商店能及时处理而又能让客户满意的话，有 82% ~ 95% 的客户还会到这里来购物。从中我们可以看出处理好客户的抱怨是多么重要，所以我们要好好对待这 4% 的客户，让他们把不满、抱怨都说出来，帮助我们改善。

一、弄清楚客户为什么会有异议和抱怨

客户听销售人员介绍后，往往会提出一些疑问、质询或异议。这是因为：

客户事先获知一些不能确认的消息；客户对销售人员不信任；客户不自信；客户的期望没有得到满足；客户不够满意；销售人员没有提供足够的信息；客户有诚意购买。

销售人员在消除客户不满时，第一步就是要学会倾听，即聆听客户的不满。聆听客户的不满时，须遵循多听少说的原则。我们一定要冷静地让客户把其心里想说的牢骚话都说完，同时用"是""的确如此"等语言及点头的方式表示理解，并尽量了解其中的原因，这样一来就不会发生冲突。

二、解答疑问和处理异议的一些方式

1. 保持礼貌、面带微笑；

2. 持有积极态度；

3. 热情自信；

4. 态度认真、专注。

值得注意的是，处理客户抱怨时不要拖延，因为时间拖得越久越会激发客户的愤怒，而客户的想法也将变得偏激。所以，销售人员在处理客户的抱怨时，不能找借口说今天忙明天再说，到了明天又拖到后天。正确的做法是立即处理，这种积极的态度会让客户明显感觉到诚意，并能大大安抚客户的情绪，换来客户对自己的理解。

不管客户如何批评我们，销售人员永远不要与客户争辩，因为，争辩不是说服客户的好方法，正如一位哲人所说："你无法凭争辩说服一个人喜欢啤酒。"与客户争辩，失败的永远是销售人员。一句销售行话是"占争论的便宜越多，吃销售的亏越大"。

谨记9句不该说的话

俗话说："良言一句三冬暖，恶语伤人六月寒。"与客户打交道，需要时刻关注客户哪里是"死穴"。

许多不成功的谈判、销售，都可归因于沟通的失败。无论是公司的销售人员、客服人员，抑或是经销商，都应注意在与客户沟通中避免出现以下9句话：

一、"这种问题连小孩子都知道。"

这句话最常出现在客户不了解商品特性或者针对商品用途做

出询问时。因为这句话容易引起客户的反感，让客户认为我们在拐弯抹角地嘲笑他，因此，我们一定要特别注意。

二、"一分钱，一分货。"

当我们讲出这句话时，通常客户会有"是不是嫌我寒酸，只配买个廉价品"这种感觉出现。因为我们说这句话的时机通常是客户认为价钱太高的时候，所以，不免使客户产生这种想法。

三、"不可能，绝不可能有这种事发生！"

一般公司通常对自己的商品或服务都是充满信心的，因此，在客户抱怨时，客服人员开始都会以这句话来回答，其实客服人员说出这句话时，已经严重地伤害到客户了。因为这句话代表客户的抱怨都是"谎言"，客户必然产生很大的反感。

四、"这种问题你去问厂商，我们只负责卖。"

商品固然是厂商制造，而不是经销商制造的，但是经销商引进商品销售，就应该对商品本身的质量、特性有所了解。因此，以这句不负责任的话来搪塞、敷衍客户，代表经销商不讲信用。

五、"这个我不太清楚。"

当客户提出问题时，若销售代表的回答是"不知道""不清楚"，表示这个企业、公司、商铺没有责任感。正确的做法应是热情、礼貌地接待，即使我们解答不了，也可请专人来答疑。

六、"我绝对没有说过那种话！"

当客户认为经销商曾经提出保证却没有履行，因而提出质询时，若是经销商说出"我绝对没说过那种话"，则解决抱怨的沟通必然成为永远无法相交的平行线。因为，经销商不愿意承担责任。其实，商场上没有"绝对"这个词存在，这个词有硬把自己的主张加在消费者身上的语气存在，所以最好不要使用。

七、"这是本公司的规定。"

其实公司的规章制度通常是为了提高员工的工作效率而订立的，并不是为了要监督客户的行为或者限制客户的自由。因此，即使客户不知情而违反店规，店员仍然不可以用责难的态度对待。否则，不但无法解决问题，更会加深误会。

八、"总是有办法的。"

"船到桥头自然直"这种不负责任的态度，对于急着想要解决问题的客户而言，实在是令人扼腕、顿足的话。当客户提出问题时，表示他正在期待供应商能想出办法圆满地帮他解决。如果这时候听到这种回答，客户的心里一定会感到非常失望。

九、"改天我再和你联络。"

这也是一句极端不负责任的话。当客户提出的问题需要一点时间来解决时，最好的回答应该是"三天后一定帮你办好"或者"下个星期三以前我一定和您联络"。因为确定在几天后可以办成的说法，代表我们有自信帮客户解决问题。

这样说服客户最有效

说服客户需要技巧，任何客户都有被成功说服的可能。

如果客户想购买你的商品，你可以将此商品的优点、作用以及价格等，向其娓娓道来。假若客户看后，不想购买你的商品，而你所卖的商品确实物美价廉时，你是否能将其劝服，使客户变"不买"为"想买"呢？以下4种方法，可供借鉴。

一、设置疑问法

假若有一种方法，能够使客户抱着好奇心，停下来，听听你的讲解，就能够使你所售的商品卖出。这种方法就是设置疑问法。

一次贸易洽谈会上，卖方对一个正在观看公司产品说明的买方说："你想买什么？"买方说："这儿没什么可以买的。"卖方说："是呀，别人也说过这话。"当买方正为此得意时，卖方微笑着又说："可是，他们后来都改变了看法。""噢，为什么？"买方问。于是，卖方开始了正式推销，该公司的产品得以卖出。

二、背道而驰法

销售商品时，你说出于你自己不利的话语，顾客会在意外之余，油然产生一种信任。因此，客户会变"不买"（因为商品有瑕疵）为"想买"（因为你坦诚）。

王小姐去服装市场购买衣服，她找到了一件款式、颜色都比较称心的套裙，可惜这件套裙上有一处小毛病。文静的王小姐发现后，并没有告诉售货员，而是想到别处看一看。这时候，售货员说话了："欢迎您来到我们店，可惜这种式样的衣服就一件了，并且这一件还有点小毛病，我如果长得像您这样标致，我也不买。"王小姐听后寻思：这位售货员大姐可真够坦诚，从她这里购买衣服肯定不会上当受骗。她转身又看了看那件套裙，觉得虽然有点小毛病，但是并不显眼，算不上什么问题。于是，王小姐心情愉快地购买了这件套裙。

三、热情有加法

客户在你的商店挑选了半天，没有购买一件商品。这时候，你可能会生气。假若你不将不满意的心情表现出来，并且对此时不想购买的客户更加热情，说不定，被你感动的客户会回转身来，心甘情愿地买走你推销的商品。

一次，一个旅游团不经意地走进了一家糖果店。他们在参观一番后，并没有购买糖果的打算。到了临走的时候，服务员将一盘精美的糖果捧到了他们面前，并且柔声慢语地说："这是我们店刚进的新品种，清香可口，甜而不腻，请您随便品尝，千万不要客气。"如此盛情难却，恭敬不如从命。旅游团成员觉得既然免费尝到了甜头，不买点什么，确实有点过意不去。于是每人买了一大包，在服务员"欢迎再来"的送别声中离去。

四、声东击西法

主动是声东击西的重要环节，在行使自己计划的时候，必须先公开暴露自己的伴动方向，令对方产生错觉。计划开始后，要收放自如，不能让自己为对方牵制，应能主动地忽东忽西，进退自如。

运用声东击西计策的方法很多，或增加对方的顾虑；或故布疑阵，使对方的力量分散，削弱其防范；或利用对方多疑善变的心态，故意暴露自己的不足。

对待那些"不通情理"、故意与你为敌的客户，最好的方法是声东击西，令他们在不知不觉中跟上你的思路。

低三下四并不能让顾客对你产生好感

由于对方的身份、地位显赫而感到自卑，不自觉地把自己放在低人一等的位置，本想以谦卑的姿态赢得信任，结果却适得其反，赔了面子又丢了订单。这是不少销售员都曾遇到过的问题。

其实，低三下四并不能让顾客对你产生好感。所以，面对客户要不卑不亢，无论对方多么"高大"，都要牢记：他只是你的客户，你们之间是平等的关系。

俞恒是一个刚进入销售行业不久的新人，平时跟朋友、同事交往时都很自信，而且言谈风趣，不少年轻女孩都很喜欢他。但是当他面对客户，向别人介绍产品时，却好像完全变了一个人。他总觉得自己比客户矮了半截，平日的潇洒自信顿时烟消云散，代之以满脸的怯懦和紧张。

这种情况在他接近那些老总级别的人时，尤为明显。有一次，俞恒获得了一个非常难得的销售机会，不过需要跟那家合资公司的老板面谈。俞恒刚走进那装饰豪华的办公室，就紧张得不得了，浑身打战，甚至连说话的声音都颤抖起来。他好不容易控制自己不再发抖，但仍然紧张得说不出一句囫囵话。老总看着他，感到很惊讶。终于，他佝偻着背，磕磕巴巴地说道："王总……啊……我早想来见您了……啊……我来介绍一下……啊……产品……"他那副点头哈腰、低三下四的样子让王总觉得莫名其妙，甚至怀疑他有什么不良企图。

于是会谈不欢而散，大好机会就这样被生生浪费了。

大人物一般来说社会地位高，有一定的社会威望，许多推销员在拜访时经常畏首畏尾。然而销售最大的忌讳就是在客户面前低三下四，过于谦卑。像案例中的俞恒这样，还未到正式谈判就已经败下阵来。心理素质如此脆弱的人，肯定会失败。

卑躬屈膝的推销，不但会直接影响你的形象和人格，而且会使你所推销的产品贬值。畏畏缩缩、唯唯诺诺的销售员，不可能得到客户的好感，反而会让客户非常失望。因为你的表现证明你不是一个光明正大的人，是个不可信赖的人，那么他对你所推销的产品就更不相信了。

优秀的推销员要有敢于向大人物推销的勇气。如果你总是逃避，不敢去做你害怕的事情，不敢去害怕去的地方，不敢见大人物，那么机会一定不会因为你害怕而光顾你。

其实许多你害怕去的地方往往蕴藏着成功的机遇，在大地方向大人物推销往往比向小客户推销容易得多。因为推销员都畏惧这些地方，他们也很少光顾这里。如果你敢于迈出这一步，向大人物推销自己的商品，那么你就很可能成功。

另外，在大人物这里，由于前来推销的业务员很少，因此，他们往往不像小客户那样见到推销员就说"不"。一个真正成功的大人物或者一个从基层干到上层的人，是不会对你的推销感到厌恶的，很多情况下他们会怀着一颗仁慈的心来接纳你，并给你一次机会。

含糊乱语，只会聪明反被聪明误

马克经过几次电话拜访之后，终于与路易斯先生就购买网络服务器达成了初步意向。这天，他又给路易斯打电话。路易斯一听是他便说："马克，你来得正是时候，刚才财务部打电话给我，要我把新购设备的报价单给他们传一份过去，他们好考虑一下这笔支出是否合算。"

"这个嘛，你别着急，价格上不会太高的，肯定在你们的预算支出之内。"

"马克，财务部的人可是只认数字的，你总应该给我一个准确的数字吧，或者该把报价单做一份给我吧。"

"哦，放心好了，路易斯先生，顶多几十万，不会太多的。对您这么大的公司来说，这点钱实在不算什么。"

路易斯闻言十分不悦，说："马克，几十万是什么意思？这也太贵了吧。你怎么连自己产品的价格都如此含混不清呢？看来，我得仔细考虑一下购买网络服务器的事了。"

在电话行销过程中，报价是谈判的一项重要工作，是指一方或双方向对方提出自己的价格条件和附带要求。报价得当与否，对报价方的利益和以后的谈判有很大影响。而有的销售人员恰恰是在这个环节上出现了毛病，他们总是含糊报价，以为这样就可以搪塞过去，但是问题也就出现在这里，客户可能因为你不够诚实而取消合作。那么，怎样做才能避免这个问题呢？

一、科学定价原则

制定一个合理的价格是处理好问题的基础与前提。销售员必须和公司商量，制定出合理的价格，而不可擅自做主，给客户胡乱报价。

二、坚信价格原则

推销员必须对自己产品的价格有信心。推销员确定价格前应慎重考虑，一旦在充分考虑的基础上确定价格后，就应对所制定的价格充满信心。要坚信这个价格是令多方都有利且都会满意的价格。

三、先价值后价格的原则

在推销谈判过程中应先讲产品的价值与使用价值，不要先讲价格，不到最后成交时刻不谈价格。推销员应记住，越迟提出价格问题对推销员就越有利。客户对产品的使用价值越了解，就会对价格问题越不重视。即使是主动上门取货与询问的客户，亦不可马上征询他们对价格的看法。

四、坚持相对价格的原则

推销员应通过与客户共同比较与计算，使客户相信产品的价格相对于产品的价值是合理的。相对价格可以从以下几方面证明：相对于购买产品以后的各种利益、好处及需求的满足，推销产品的价格是合理的；相对于产品所需原料的难以获取、产品的加工复杂程度而言，产品的报价是低的……虽然从绝对价值看价格好像是高了点，但是每个受益单位所付出的费用相对少了，或者是相对于每个单位产品，价格是低的。

还有一些推销员在电话中针对客户的需求，不做进一步的核实，想要小聪明，企图通过一些模糊的语言蒙混过关。

"请问 B 经理在吗？我是 X 公司的李经理。"

"哦！李经理呀！B经理正在开会，大概1小时后会议结束，请问有什么事？我是研发部的企业专员，姓陈……"

"是关于上次提出的开发案一事，不知B经理认为草坪的事是交由X公司还是Z公司办理？"

"这件事呀，听B经理提过，好像是给X公司吧！"

这种"听经理提过""好像"的臆测回答会使人误解为好像B经理这么定了似的。结果，在B经理深思熟虑，并开会讨论后，一致决定与Z公司合作。X公司顿时"风暴"发生："你们研发部的陈先生确实是这么说的……"当被对方指责时，恐怕就应追究责任问题了，这就是含糊乱语带来的后果。

对于一名合格的销售员来说，不是自己责任范围内的事，一定不做假设答案给客户。没有把握的事不随意回答，没有把握应付这通电话的时候，把电话交给上司，特别是当你判断这个谈话自己无法应答时，绝不能自作聪明作答，以免栽跟斗。若勉强应付了事，一旦误事，才真正无法挽回了。

还有一点是值得销售员借鉴的：电话是双方谈话的单行道，旁人是无法得知讲话内容的，即使想帮助你，也无从下手。在此时，你可以大声复述客户的问题，旁边的同事听到了就会给予一点帮助（限公司同仁知道解决方法），这也不失为一个机灵的电话应对法。

总之，在自己不知道或不能确定某事的情况下，最好不要含糊乱语，故作聪明，否则会酿成大祸。

不要故弄玄虚，要用客户听得懂的语言介绍产品

在介绍产品的时候，销售人员往往会走两个极端。一种极端是对自己的产品了解不够深入，回答问询时"一问三不知"，无法在客户心中建立信任。另一种极端就是对非专业的用户使用太多"术语"，有卖弄之嫌，搞得对方很难堪。

某客户受命为办公大楼采购大批的办公用品，在电话中客户向电话行销人员介绍了公司每天可能收到信件的大概数量，并对信箱提出了一些具体的要求。这个电话行销人员听后马上用不容置疑的语言，推荐客户用他们的 CST。

客户："什么是 CST？"

电话行销人员："就是你们所需要的信箱。"

客户："它是纸板做的，金属做的，还是木头做的？"

电话行销人员："哦，如果你们想用金属的，那就需要我们的 FDX 了，也可以为每一个 FDX 配上两个 NCO。"

客户："我们有些打印件的信封会特别长。"

电话行销人员："那样的话，你们便需要用配有两个 NCO 的 FDX 传发普通信件，而用配有 RIP 的 PLI 传发打印件。"

客户（稍稍按捺了一下心中的怒火）："小伙子，你的话使我

听起来十分荒唐。我要买的是办公用具，不是字母。"

电话行销人员："噢，我说的都是我们产品的序号。"

客户："我想我还是再找别家问问吧。"（挂断电话）

这位推销员犯的错误是过于专业，不懂得变通，让客户失去了兴致。用客户听得懂的语言向客户介绍产品，这是最简单的常识，尤其对于非专业的客户来说，推销员一定不要过多使用专业术语。有一条基本原则对所有想吸引客户的人都适用，那就是如果信息的接收者不能理解该信息的内容，这个信息便产生不了它预期的效果。推销员对产品和交易条件的介绍必须简单明了，表达方式必须直截了当。表达不清楚、语言不明白，就必然会产生沟通障碍。

所以在向客户介绍产品时，你必须做到简洁、准确、流畅、生动，而且还要注意时机的选择，切不可卖弄专业术语。因为你推销的是产品，而不是那些抽象的代码！

王亮是某 PC 保护屏的推销员。在推销这一产品时会用到很多专业的词语，客户很难理解，所以小王就把那些难懂的术语形象化，让自己的客户能够很好地理解。

有一次，王亮的公司想把这一产品推销给当地的一家企业，但经过数次的公关说服，都没能打动这家企业的董事们。

突然，王亮灵机一动，想到以表演的方式代替口头游说。他站在董事会前，把一根棍子放在面前，两手捏紧棍子的两端，使它微微弯折，说道：

"各位先生，这根棍子只能弯到这个程度。"（说完这句话，

他把棍子恢复原状）

"所以，如果我用力过度，这根棍子就会被折断，不能再恢复原状。"（他用力弯曲棍子，超过棍子的弹性限度，于是它的中央出现折痕，再也不能恢复本来笔直的形状）

"它就像人们的视力只能承受到某个程度的压力，如果超过这个程度，视力就难恢复了。相信贵公司的领导和员工们会经常接触到电脑，并且时间肯定也比较长，那么电脑对身体的伤害就不言而喻了。而我们的产品不但能够抵御电脑的各种辐射，还能够缓解视力疲劳。"

结果，该公司董事会筹足资金，向王亮购买了一批 PC 保护屏。

在这个案例中，我们看到，PC 保护屏推销员王亮在与客户谈判时，灵机一动想了一个好办法：用一根棍子的弯曲度来解释电脑对人体造成的危害程度，把那些难懂的术语形象化，结果这种形象化的语言取得了很好的效果，客户理解后向王亮购买了一批 PC 保护屏。

在介绍产品时，我们可以采用 FAB 产品介绍法，这样就可以既讲得清晰透彻，又不会过于专业，让客户听不懂。

FAB 对应的是 3 个英文单词：Feature、Advantage 和 Benefit，即属性、作用和利益。在阐述观点时，按照这样的顺序来介绍，就是说服性演讲，它达到的效果就是让客户相信你的产品是最好的。

一、属性（Feature）

我们经常把它翻译成特征或特点，而且很多销售人员至今还把它翻译成特征或特点。特征，顾名思义就是区别于竞争对手的地方。当你介绍产品且与竞争对手的产品进行比较时，就会让客户产生一定的抵触情绪。如果把用于销售的 Feature 翻译成属性，即你的产品所包含的客观现实、所具有的属性就会避免客户抵触情绪的产生。比如，讲台是木头做的，木头做的就是产品所包含的某项客观现实、属性（Feature）。

二、作用（Advantage）

很多销售人员把它翻译成了优点，优点就是你们比竞争对手好的方面，这自然会让客户产生更大的抵触情绪。因为你们所面临的竞争对手非常多，相似的产品也很多，你们的产品不可能比所有的产品都好。

现实中的每一个产品都有各自的特征，当你们说产品的某个功能比竞争对手的好的时候，客户就会产生反感。实际上，在销售中把 A（Advantage）翻译成作用会更好一些，作用（Advantage）就是能够给客户带来的用处。

三、利益（Benefit）

就是给客户带来的利益。比如，讲台是木头做的，那么木头做的给客户带来的益处就是非常轻便。

FAB 应该这样解释，这个讲台是木头做的，搬起来很轻便，所以使用非常方便。这样的结构，是销售人员说服性演讲的结构，只有这样的结构才能让客户觉得你的产品满足了他的需求，从而愿意购买你的产品。

第十章

善言更要善听，不做喋喋不休的『独白者』

在对话中判断对方性格

任何一位客户的性格都要在我们进行分析后才会得出结论，分析来源于资料，资料来源于聆听。

许多销售人员把"你希望别人怎样待你，你就怎样对待别人"视为推销的黄金准则。问题是，业务员的性格和处事方式并非与客户完全一样，业务员按照自己喜欢的方式对待客户，有时会令客户不愉快，从而给成功投上阴影。业务员按照客户喜欢的方式对待客户，才会赢得客户的喜欢。

销售人员在面对一位潜在客户时，必须清楚地了解自己和客户的行为方式是什么，使自己的行为恰如其分地适合于客户的需要。销售人员要学会用客户希望的方式与其交往，要学会用人们希望的方式向他们推销，要学会调整自己的行为、时机选择、信息、陈述以至要求成交的方式，以便使自己的行为适合于对方。

所以，在销售沟通过程中就要求销售人员及时分析客户的性格以便适应客户。一般情况下，我们可以将客户的性格特征和行为方式按照行事的节奏和社交能力分为4种类型，并分别用4种动物来表示：

一、老鹰型的性格特征

老鹰型的人做事爽快，决策果断，通常以事实和任务为中心，他们给人的印象是不善于与人打交道。这种人常常会被认为是强权派人物，喜欢支配人和下命令。他们的时间观念很强，讲求高效率，喜欢直入主题，不愿意花时间同人闲聊，讨厌自己的时间被浪费。所以，同这一类型的客户长时间交谈有一定难度，他们会对事情主动提出自己的看法。

由于他们追求的是高效率，他们的时间观念很强，所以，他们考虑的是他们的时间是否花得值；他们会想尽办法成为领先的人，希望具有竞争优势，向往"第一"的感觉，他们需要掌控大局，往往是领袖级人物或总想象自己是领袖级人物；对他们来说，浪费时间和被别人指派做工作，都是难以接受的。

二、猫头鹰型的性格特征

这类人很难让人看懂，做事动作缓慢。他们在交流中音量小而且往往是被动的一方，不太配合对方的工作。如果对方表现得很热情，他们往往会难以接受。

他们喜欢在一种自己可以控制的环境下工作，习惯于毫无创新的守旧的工作方式。他们需要与人建立信任的关系。个人关系、感情、信任、合作对他们很重要。他们喜欢团体活动，希望能参与一些团体，而在这些团体中发挥作用将是他们的梦想。另外要注意，他们不喜欢冒险。

三、鸽子型的性格特征

该类人友好、镇静，做起事来显得不急不躁，讲话速度往往适中，音量也不大，音调会有些变化。他们是很好的倾听者，也会很好地配合对方。他们需要与人建立信任关系。他们喜欢按程序做事，且以稳妥为重，即使要改革，也是稳中求进。他们往往多疑，安全感不强，在与人发生冲突时会主动让步，在遇到压力时，会趋于附和。

四、孔雀型的性格特征

孔雀型的人基本上也属于做事爽快、决策果断的人。但与老鹰型的人不同的是，他们与人沟通的能力特别强，通常以人为中心，而不是以任务为中心。如果一群人坐在一起，孔雀型的人很容易成为交谈的核心，他们很健谈，通常具有丰富的面部表情。他们喜欢在一种友好的环境下与人交流。社会关系对他们来讲很重要。他们给人的印象一般是平易近人、朴实、容易交往。

孔雀型的人做决策时往往不关注细节，凭感觉做决策，而且速度很快，研究表明，三次的接触就可以使他们下决心。同时，他们也喜欢有新意的东西，那些习以为常、没有创意、重复枯燥的事情往往让他们倒胃口。

在销售过程中，我们可以依靠对方的声音要素和做事的方式来进行判断。但如果是第一次与客户交流，可能对客户的做事方式了解得还不够，所以，声音要素就成了我们在第一时间判断客户性格特征的重要依据。

怎样判断对方讲话的速度是快还是慢，声音是大还是小呢？

一般来说，老鹰型的人和孔雀型的人讲话声音会大些，语速会快些，而鸽子型和猫头鹰型的人则相反。所以，通过对方讲话的速度和音量可以判断他是属于老鹰型和孔雀型的人，还是鸽子型和猫头鹰型的人。

对方是热情还是有些冷淡？对方在讲话时是面无表情呢，还是眉飞色舞？对方是否友好？一般来说，老鹰型和猫头鹰型的人，在交流中会让人觉得有些冷淡，不轻易表示热情，销售人员可能会觉得较难与其打交道；而孔雀型的人和鸽子型的人则是友好、热情的。

通过对话交流识别了客户的性格特征之后，我们应该尽可能地配合客户的性格特征，然后再影响他。举例来说，如果客户的讲话声音很大，我们也要相应提高自己的音量；如果客户讲话很快，我们也要相应提高语速。然后，我们再慢慢恢复到正常的讲话方式，并影响客户也将音量放低或放慢语速。

从"话外之意"揣摩客户的心理

销售过程中及时领会客户的意思非常重要，只有及时领会客户的意思，读懂其弦外之音，才能有针对性地给予答复，消除其顾虑，并为下一步的销售创造条件。

迈克是一家公司的销售人员，这个公司专门为高级公寓小区清洁游泳池，还承包一些景观工程。伊蓝公司的产业包括12幢豪华公寓大厦。迈克为了拿下这个项目和伊蓝公司董事长史密斯先生进行了交谈。

[案例一]

史密斯："我在其他地方看过你们的服务，花园弄得还算漂亮，维护修整做得也很不错，游泳池尤其干净。但是一年收费10万元，太贵了吧？"

迈克："是吗？你所谓'太贵了'是什么意思？"

史密斯："现在为我们服务的C公司一年只收8万元，我找不出要多付2万元的理由。"

迈克："原来如此，但你满意现在的服务吗？"

史密斯："不太满意，以氯处理消毒，还勉强可以接受，花园就整理得不太理想；我们的住户老是抱怨游泳池里有落叶。住户花费了那么多，他们可不喜欢住的地方被弄得乱七八糟！虽然给C公司提了很多次，可是仍然没有改进，住户还是三天两头打电话投诉。"

迈克："那你不担心住户会搬走吗？"

史密斯："当然担心。"

迈克："你们一个月的租金大约是多少？"

史密斯："一个月3000元。"

迈克："好，这么说吧！住户每年付你3.6万元，你也知道好住户不容易找。所以，只要能多留住一个好住户，你多付2万元不是很值吗？"

史密斯："没错，我懂你的意思。"

迈克："很好，这下，我们可以开始草拟合约了吧？什么时候开始好呢？月中，还是下个月初？"

［案例二］

史密斯："我对你们的服务质量非常满意，也很想由你们来承包。但是，10万元太贵了，我实在没办法。"

迈克："谢谢你对我们的赏识。我想，我们的服务对贵公司很适用，你真的很想让我们接手，对吧？"

史密斯："不错。但是，我被授权的上限不能超过9万元。"

迈克："要不我们把服务分为两个项目，游泳池的清洁费用4.5万元，花园管理费用5.5万元，怎样？这可以接受吗？"

史密斯："嗯，可以。"

迈克："很好，我们可以开始讨论管理的内容……"

［案例三］

史密斯："我在其他地方看过你们的服务，花园很漂亮，维护得也很好，游泳池尤其干净。但是一年收费10万元，太贵了吧？我付不起。"

迈克："是吗？你所谓'太贵了'是什么意思呢？"

史密斯："说真的，我们很希望从年中，也就是6月1号起，你们负责清洁管理，但是公司下半年的费用通常比较拮据，半年的游泳池清洁预算只有3.8万元。"

迈克："嗯，原来如此，没关系，这点我倒能帮上忙，如果你愿意由我们服务，今年下半年的费用就 3.8 万元，另外 6.2 万元明年上半年再付，这样就不会有问题了，你觉得呢？"

迈克能及时领会史密斯的话，巧妙地做出适当的回应，并不断地提出利于销售的有效方案，使事情朝越来越好的方向发展。如果迈克没有及时领会史密斯的话，就无法很好地消除对方的疑虑。

对于推销人员来说，客户的某些语言信号不仅有趣，而且还预示着成交有望。很多销售人员在倾听客户谈话时，经常摆出倾听客户谈话的样子，内心却迫不及待地等待机会，想要讲他自己的话，完全将"倾听"这个重要的武器舍弃不用。如果你听不出客户的意图，听不出客户的期望，那么，你的销售就会跟射错了方向的箭一样徒劳无功。

要是一个推销人员忙于闲谈而没有听出这些购买信号的话，那真的非常可惜。

除了领会客户的话外之音，还需要掌握一些沟通技巧，从客户的话语中挖掘深层次的东西；而在领会客户的意思以后，要及时回答；当客户犹豫不决时，要善于引导客户，及时发现成交信号，提出成交请求，促成交易。

百般辨别，看透"石头"顾客

有些时候，尽管推销员做出很多努力，但仍无法打动顾客。他们明确地用消极的信号告诉你，自己并不感兴趣。推销员与其继续游说，不如暂停言语，相机而动。

一般来说，如果一个顾客明显做出下列表情，就说明他已经进入消极状态。

一、眼神游离

如果顾客没有用眼睛直视推销员，反而不断地扫视四周的物体或者向下看，并不时地将脸转向一侧，似乎在寻找更有趣的东西，这就说明他对推销的产品并不感兴趣。如果目光呆滞，则说明他已经感到厌倦至极，只是可能碍于礼貌不能立刻让推销员走开。

二、表现出繁忙的样子

假如顾客一见到推销员就说自己很忙，没有时间，以后有机会一定考虑相关产品；或者在听推销员解说的过程中不断地看手表，表现出有急事的样子，说明他可能是在应付推销员。

实际上，他很可能并没有考虑过被推销的产品，也不想浪费时间听推销员的解说。而如果推销员没有足够的耐心引导他进行购买，交易将很难成交。

三、言语表现

如果顾客既不回应，也不提出要求，更没让推销员继续做出任何解释，而是面无表情地看着推销员，说明顾客受够了，这个聒噪的推销员可以立刻走人了。

四、身体的动作

顾客在椅子上不断地动，或者用脚敲打地板，用手拍打桌子或腿、把玩手头的物件，都是不耐烦的表现。如果开始打呵欠，再加上头和眼皮下垂，四肢无力地瘫坐着，就表明他感到推销员的话题简直无聊透顶，他都要睡着了，即使推销员硬说下去，也只会增加他的不满。

面对顾客的上述表现，推销员可以做出最后一次尝试，向顾客提出一些问题，鼓励他们参与到推销之中。如果条件允许，可以让顾客亲自参与示范、控制和接触产品，以转变客户对产品冷漠的态度。如果客户的态度仍不为所动，则你可以尝试退一步的策略，即请顾客为公司的产品和自己的服务提出意见并打分；如果顾客留下的印象是正面的，或者下一次他想购买相关产品时，就会变成你的顾客。在这一过程中，一定要保持自信、乐观、热情的态度，不应因为遭到拒绝而给客户脸色看。

洞穿客户的隐含期望

一些期望只有在没有得到满足的时候才会浮出表面，它们通常被理解为必然的或者是理所当然可以获得的。客户的期望存在于潜意识中，只有当客户经历的服务低于特定的合理界限时，它们才会成为影响满意度的重要因素。

一家公司与它的客户之间的大多数互动和交往都发生在一定的范围之内，这使得大多数互动都成为了惯例。一般不会有什么东西使客户特别满意或者不满意，他们也不会过多考虑这些。但为了让客户真的满意，以至于他们必定会回来并且会对公司进行正面的口头宣传，公司必须做出超出他们期望的事情，诱使他们发出赞叹："哇！我真的是没有想到！"

许多年前，巴诺斯先生有过一次令人激动的经历。当时是二月份，他从多伦多到哈利法克斯去参加一个商务会议。傍晚的时候，出租车将巴诺斯先生带到了哈利法克斯市中心的巴林顿三角洲酒店的门前。天色已经暗了下来，下着小雨，但他决定吃饭前痛痛快快地出去跑一会儿，于是就穿上运动衣绕着公园跑了个来回。一个小时以后，他回到了酒店，这时他的身上已经湿透了。他希望能悄悄走进电梯而不要打扰其他客人，因为客人们与一个浑身湿透、不停滴水的中年人一起坐电梯会感到很不舒服。

当巴诺斯穿过大厅的时候，前台传来了一个声音："先生，我们能为您把衣服弄干吗？"他往传来这个意外问候的方向望去，发现一个服务生站在旁边。服务生走上前来，说道："巴诺斯先生，您明天不打算穿这些湿透的衣服进会议室吧？让我们帮您烘干它们吧。"这令巴诺斯感到惊奇，他向服务生表示感谢。

9点半左右的时候巴诺斯回到了房间，他的运动衣不仅已经烘干了，甚至还洗过熨好并且整整齐齐地放在床头！而这几乎是他的运动服第一次被熨过。

我们中的大多数人作为客户的时候，不会将我们的标准或者期望毫无道理地提得很高，通常我们会得到满足，但并不会喜出望外。同样，大多数公司并不能成功地做到让客户特别满意。大多数公司的工作是按部就班的。问题在于，如果你做的每件事情都是按部就班的，那么你做的可能是不够的。只有超出客户的期望，让他们惊叹，你才能做到高人一筹。

所以，我们在与客户接触的时候，一定要细心一些，多个心眼儿，多注意观察客户隐含的期望，适时地与他们的隐含期望相对接。

不懂换位思考，死缠烂打只会令人厌烦

向客户推介产品时，有些销售员自以为只要有毅力坚持下去，就可以达成交易。然而，销售员的毅力和坚持却常常引起顾客的不耐烦，甚至把顾客吓跑。

在卖场的促销区出现了下面的场景：

"这位小姐，我们公司现在有个促销活动，如果您买了我们的化妆品，就可以享受一些优惠政策，比如免费旅游。"

"不好意思，我对这些优惠没有兴趣。我从来不买国产品牌化妆品，哪怕优惠再多，价格再低，都不会考虑的。我看重的是品牌和质量。"

"这个您不用担心，我们公司有专业的咨询师，他们会针对您的具体情况给您提供您需要的产品。"

"这种产品对我而言没有意义，没有必要去搞什么咨询。"

"我可以向您保证这种产品的质量绝对是一流的，而且还能免费旅游，机不可失，时不再来……"

"对不起，我还有事。"顾客头也不回地离开了。

这位销售员的错误在于：不设身处地地为客户着想，而是自以为是，喋喋不休，终于引起顾客的反感。他的产品介绍是

"死"的，跟背台词似的，完全不考虑顾客的感受和反应。这是一种典型的错误推销。

很多推销员在推销产品时都会犯类似的错误，不清楚客户为什么要购买自己的产品，只认为把产品卖出去，自己拿到提成，就万事大吉了。于是他们把嘴巴当成喇叭，对顾客进行"广告轰炸"。殊不知，这种低级的推销手段早已过时，没人吃这一套了。

优秀的推销员要理解顾客关注的并不是所购产品本身，而是关注通过购买产品能获得的利益或功效。成功的推销员普遍具有一种很重要的品质，即积极主动、设身处地地为客户着想。站在对方立场去思考问题，才能了解客户的需求，才会知道客户需要什么，不需要什么。这样就能够比较正确而且也容易抓住推销的重点了。

当你为客户考虑更多，为自己考虑更少时，也许会被迫放弃部分眼前利益。不过，你会因此善举而获得更加长远的利益。处处为客户着想，不仅仅是想客户之所想，急客户之所急，而且还要让客户看到实惠，只有你为他办了实事，而且还最大限度地为他省了钱，你才能与客户保持长久的合作关系，并由此而提高你的销售业绩。

纵观那些业绩突出的推销员，他们之所以业绩出色，是因为他们的价值观念、行为模式比一般人更突出。他们绝不会死缠烂打、不厌其烦地介绍自己的产品，而是主动为客户着想，"以诚相待、以心换心"。这样才能赢得回头客，保持业绩之树常青。学会换位思考，是推销员对待客户的基本原则，更是推销员成功的基本要素。

不是你去说服客户，而是让客户自己说服自己

[案例一]

销售员："您好，我是××电器公司业务员杨威，我打电话给您，是觉得您会对我公司最新推出的LED电视机感兴趣，它是今年最新的款式，全新配备了200Hz智能动感技术，色彩更艳丽，清晰度更高，而且是超薄的，还节能省电……"

客户："哦，我们的电视机，凑合着还能用，LED电视目前还不需要。"

销售员："哦，是这样，请问您喜欢看体育比赛吗，比如说F1赛车？"

客户："是啊，F1是我最喜欢的体育赛事了。"

销售员："不知道您有没有注意过，看比赛的时候，画面会有抖动和闪烁的现象，看着非常不清晰。有时候，还有拖尾现象。"

客户："是啊，是啊。每次都让我非常郁闷，但我一直认为电视机都是这样的。"

销售员："不是的。其实采用一些智能技术之后，就可以消除这些令您不爽的现象。比如说我们的这款电视，就可以通过自动分析相邻两帧的运动趋势并生成新帧，彻底消除画面的抖动和闪烁现

象，画面就像丝绸一样平滑顺畅。要不您改天来亲身感受一下？"

客户："听起来不错，那我改天去看一下吧。你们最近的地址在哪儿？"

[案例二]

情人节的前几天，一位销售员给客户家里打电话推销化妆品。接电话的是男主人。

销售员："先生，我是×××化妆品公司的美容顾问罗斯，我们公司的化妆品是公认的好牌子，深受广大爱美女性的喜欢。我想您的夫人可能想买套化妆品。"

客户："化妆品？我太太没准会喜欢，她一向就爱打扮。但她今天不在家，我没法替她拿主意。"

销售员："先生，情人节马上就要到了，不知您是否已经给您太太买了礼物？我想，如果您送一套化妆品给您太太，她一定会非常高兴。"

客户："嗯。"

销售员（抓住时机）："每位先生都希望自己的太太是最漂亮的，我想您也不例外。"

客户："你们的化妆品多少钱。"

销售员："礼物是不计价钱的，要送给心爱的太太，当然挑最好的。"

于是一套很贵的化妆品就推销出去了。

客户最不喜欢被人说服和管理，尤其是自己不喜欢的人。对于新客户而言，你还不足以让他产生对你的信任。这个时候你最好别把自己的意见强加给客户。人们讨厌被推销员说服，但是喜欢主动做出购买决定。推销员的目标就是：帮助人们对他们购买的产品感到满意，从而自己说服自己，也就是让客户认识到自己的需求。

［案例一］中的销售员就很善于引导顾客发现自己的需求。

首先，肯定客户的说法。销售员向顾客介绍 LED 电视机，而顾客表示暂时不需要。这时候，如果继续向顾客介绍产品，得到的回答必然是拒绝，销售员很聪明地及时打住了。

然后，话锋一转，问顾客是否喜欢看体育比赛。这是很家常的提问，顾客不会有防范意识。接下来就自然地提到电视机技术，从而激发顾客对 LED 电视机的兴趣。之后的产品介绍就水到渠成了。这个过程是销售员为客户创造需求的过程，最终以销售员的胜利而结束。

跟［案例一］类似，［案例二］中的销售员是抓住了情人节这个契机推销成功的。

一上来，推销员反复向男主人介绍化妆品的好处，结果并不理想。这时，销售员灵机一动："如果您送一套化妆品给您太太，她一定会非常高兴。"结果那位男主人果然心动，当他询问价钱时，推销员又机智地说："礼物是不计价钱的。"最后化妆品以原价成交了。推销员正是抓住了"情人节"这个契机，成功销售了昂贵的化妆品。

抓住新旧需求的拐点，既是考验销售员的随机应变能力，更是一场与客户的博弈。

"没有需求"型的顾客很多情况下并不是真的没有需求，只是出于本能的防范心理，不愿意被销售员缠住。但是销售员如果能发挥思维优势，提出让顾客感兴趣的事情，他也愿意和你交流。这时候要及时把握好客户关注的焦点，让自己有机会在和客户沟通的过程中，掌握好客户的真正需求所在，进而促进成交。